DUBLIN

Temple Bar

La capitale irlandaise est une ville aux multiples facettes. D'un côté, le Dublin officiel, celui des héros de la résistance irlandaise et des grands écrivains, dont on voit partout dans la ville les silhouettes de bronze. De l'autre, une ville moderne, une cité marchande, friande de nouveautés, avec ses quartiers chics et branchés, et ses collectifs de créateurs où le shopping ne cesse jamais. Enfin, le Dublin nature, où vous pourrez flâner le long de Grand Canal et de la Liffey, pique-niquer en plein cœur de St Stephen's Green, voir des daims au Phoenix Park, goûter au vent salé de la baie de Dublin et découvrir le phare de Poolbeg et Bull Island…

LES INCONTOUR-NABLES

Trinity College et le *Book of Kells*

Émotion garantie devant le ***Book of Kells***, un **manuscrit** religieux richement enluminé qui nous parvient depuis l'aube du IXe s. Un trésor contenu dans un écrin remarquable : **Trinity College**, la plus ancienne et célèbre université du pays, qui a vu défiler Oscar Wilde et Samuel Beckett. **Voir p. 74 et 75.**

Temple Bar

À la tombée du jour, les ruelles bouillonnent. De nombreux pubs se sont passé le mot et implantés dans ce mouchoir de poche très festif. S'il est de plus en plus touristique, il n'en demeure pas moins sympathique pour prendre un verre. Sillonnez-le aussi de jour, pour ses façades colorées et ses boutiques. **Voir p. 58.**

Kilmainham Gaol

Le froid, l'humidité, la crasse, la surpopulation carcérale… on imagine parfaitement ce que fut le quotidien des détenus de cette prison fermée en 1924. L'occasion de découvrir les leaders de l'insurrection de Pâques 1916, exécutés en ces lieux, et d'apprendre des histoires touchantes, comme celle de la Vierge peinte dans une cellule. **Voir p. 138.**

Guinness Storehouse

Saviez-vous que la Guinness est couleur rubis, et non « noire » ? Il y a assez de savoir-faire et d'histoires sous la mousse de ses pintes pour remplir un gigantesque musée ! La visite se termine par un point de vue magistral sur la ville. **Voir p. 132.**

Dublin Castle

Avec son imposante tour à créneaux, le château fut le symbole du pouvoir à travers les siècles. Jean sans Terre, le détesté seigneur d'Irlande venu d'Angleterre, le fit ériger. Une visite guidée permet de découvrir les salles ornementées de ce site, qui est aujourd'hui le lieu de réception des dignitaires étrangers. **Voir p. 50.**

Hugh Lane Gallery

Degas, Monet, Manet : Hugh Lane avait des goûts avertis en matière de peinture européenne. Le musée partage sa dotation avec la National Gallery de Londres. Le lieu renferme d'autres trésors, à commencer par une collection d'artistes irlandais modernes et contemporains ainsi que la reconstitution du cabinet de Francis Bacon. **Voir p. 38.**

St Patrick's Cathedral

Saint Patrick fut, d'après la légende, l'évangélisateur de l'île et le fondateur du christianisme irlandais. La cathédrale anglicane fut érigée à proximité du puits dans lequel il baptisa les premiers convertis. Le masque mortuaire de Jonathan Swift, l'auteur des *Voyages de Gulliver*, se trouve ici. **Voir p. 128.**

Ha'Penny Bridge

Les fans de U2 reconnaîtront ce pont de fer emblématique sur lequel le groupe prit la pose à ses débuts. Il n'est plus nécessaire aujourd'hui de s'acquitter de la taxe d'un demi-penny *(half penny)* qui lui valut son surnom. **Voir p. 24.**

St Stephen's Green

Au cœur de Dublin, « The Green » est le parc le plus prisé de la ville. Bordé de magnifiques demeures georgiennes, il est agréable de flâner entre ses élégantes pelouses et les nombreux monuments et statues qui le parsèment. **Voir p. 88.**

GPO Witness History

Que s'est-il passé en cette fin d'avril 1916 lors de l'insurrection de Pâques ? Au cœur du bâtiment qui servit de centre névralgique à la révolution irlandaise, une formidable exposition didactique explique et met en perspective ces événements décisifs et leurs acteurs. **Voir p. 21.**

National Museum of Archeology

Deux des trésors les plus connus d'Irlande : le calice d'Ardagh du XIIe s. et la broche de Tara, sont présentés ici aux côtés d'autres pièces importantes, comme les quatre corps sortis momifiés de tourbières. **Voir p. 113.**

Chester Beatty Library

Magnat de l'exploitation minière, sir Chester Beatty a fait la « chasse aux livres » à travers le monde, à mesure que son empire se développait. Parchemins, enluminures, livres rares, etc. Superbe ! **Voir p. 48.**

EXPÉRIENCES UNIQUES

Prendre un cours de paddle

L'occasion de voir Grand Canal Dock depuis une autre perspective en prenant un cours de paddle dans l'un des quartiers les plus modernes de la ville.

668 3945 • www.surfdock.ie • 45 €/cours de 1h30.

Se faire peur avec les fantômes de Dublin

En montant à bord d'un bus de l'étrange en compagnie d'acteurs prêts à déterrer des cadavres et à réveiller les morts de Kilmainham Gaol et St Audoen's Church.

The Graveddiger Bus • 907 3265 • www.thegravedigger.ie • 29 €/pers.

Écouter les voix de Joyce, Wilde, Yeats…

… dans l'antique pharmacie désaffectée du célèbre Sweny's, où de joyeux drilles lisent à voix haute le meilleur de la littérature irlandaise **(p. 116)**.

Associer Guinness et huîtres

Ce *pairing* original fait sensation depuis 1837. Il est célébré à la brasserie de la Guinness Storehouse **(p. 132)**, mais peut être également apprécié dans de nombreux restos et pubs de la ville.

▶ Partir sur les traces des émigrants irlandais...

... à bord du voilier *Jeanie Johnston*, sur lequel les Irlandais ont embarqué en direction de Montréal et de New York pour fuir la Grande Famine ; ou au pied du Famine Memorial **(p. 150 et 151)**.

Assister à la renaissance des distilleries

De jeunes entrepreneurs font revivre la tradition du whiskey dans l'historique quartier des Liberties. Commencez par la Teeling Whiskey Co. **(p. 131)**.

▲

▼

Rencontrer les daims de Phoenix Park

Avec ses quelque 700 ha de superficie pour 11 km de circonférence, Phoenix Park est l'un des plus grands parcs urbains du monde. Ici, des daims parcourent le parc en toute liberté et se laissent approcher **(p. 144)** !

Suivre le chemin de halage...

... de Grand Canal Walk pour une balade romantique et relaxante au milieu des herbes folles. Une parenthèse nature en pleine ville **(p. 117)** !

S'échapper à la plage en pleine ville

« Dublin Plages », c'est toute l'année et en version naturelle, grâce à la magnifique baie qui borde la capitale. Partez découvrir notre visite iodée **(p. 156)**.

Jouer selon les règles irlandaises

Football gaélique, handball gaélique ou encore *hurling*, l'île a ses propres sports traditionnels. Testez ces disciplines insolites avec les coachs d'Experience Gaelic Games.

254 4292

• ***www.experiencegaelicgames.com***

NOS ADRESSES COUPS DE CŒUR

Resto gastronomique, meilleur *fish and chips*, brunch, bières artisanales... Voici les adresses coups de cœur de notre autrice.

Bar 1661

Un bar dédié aux alcools irlandais avec des cocktails inventifs, l'occasion de goûter le fameux *poitín*.

Quartier 1, p. 30.

Bar 1661

The Cobblestone

Le meilleur pub de la ville pour écouter de la musique traditionnelle irlandaise.

Quartier 10, p. 149.

Tang

Un super café écolo parfait pour un brunch ou un déjeuner healthy.

Quartier 1, p. 25.

Mr Fox

Mon restaurant préféré, le menu dégustation change tous les mois.

Quartier 2, p. 40.

The Beer Market

Ouvert sous l'égide d'une brasserie, ce bar est un bon point de départ pour une découverte des brasseries artisanales nationales.

Quartier 3, p. 53.

Fish Shop

Pour le meilleur *fish and chips* de Dublin, je file au Fish Shop et j'adore leur carte de vins bio.

Quartier 10, p. 148.

The Pepper Pot

Tout est fait maison dans ce café ; les bagels et les brownies sont divins.

Quartier 6, p. 95.

Irish Design Shop

De très beaux articles faits par des designers ou artistes irlandais au cœur du *Creative Quarter.*

Quartier 6, p. 107.

Jam Art Factory

Une boutique sympa qui met en avant des illustrateurs irlandais.

Quartier 4, p. 69.

Irish Design Shop

Celtic Whiskey Shop

La boutique parfaite pour faire le plein de whiskey et de gin distillés localement ou d'alcools typiquement irlandais, comme le *poitín.*

Quartier 6, p. 106.

Celtic Whiskey Shop

UN GRAND WEEK-END SUR MESURE

Suivez notre programme pour ne rien rater des incontournables de Dublin. Nous avons découpé la capitale en 12 quartiers et proposons une escapade dans la petite ville balnéaire de Howth. En trois jours, vous ne pourrez pas faire toutes ces balades. À vous de voir si vous voulez remplacer telle visite par une autre, en fonction de vos centres d'intérêt.

J1

Matin

Débutez votre séjour en allant découvrir l'un des joyaux de la ville : le *Book of Kells*, exposé sur le campus chargé d'histoire de Trinity College (quartier 5).

Trinity College

Midi

Pique-niquez dans St Stephen's Green et jetez un œil aux maisons georgiennes qui bordent le parc (quartier 6).

Après-midi

Vous pouvez visiter la Christ Church Cathedral ainsi que Dublinia, et enfin plonger dans les richesses de la Chester Beatty Library (quartier 3).

Soir

Passez la soirée dans un (ou, mieux, plusieurs) pub(s) de Temple Bar (quartier 4).

J2

Matin

Imprégnez-vous de l'ambiance du ravissant quartier de Parnell Square et n'hésitez pas à passer la porte de la Hugh Lane Gallery (quartier 2).

Henry Street

Midi
Pause déjeuner au Brother Hubbard North (quartier 1).

Après-midi
Profitez de l'ambiance d'O'Connell Street et plongez dans l'histoire de l'Irlande moderne au GPO Witness History (quartier 1). Puis jetez un œil aux enseignes de Mary Street et Henry Street ou rejoignez Ha'Penny Bridge pour vous balader en bord de Liffey jusqu'au Museum of Decorative Arts and History ou jusqu'à Phoenix Park (quartier 10).

Soir
Testez l'une des grandes tables de la ville.

J3

Matin
Rejoignez Kilmainham, le quartier, pour découvrir sa prison riche en émotions ainsi que l'Irish Museum of Modern Art, installé dans l'ancien Royal Hospital (quartier 9).

Midi
Déjeunez dans le quartier des Liberties (quartier 8).

Après-midi
Visitez la Guinness Storehouse ou la distillerie Teeling Whiskey Co. pour en apprendre plus sur les deux alcools préférés des Dublinois, et allez admirer la cathédrale Saint Patrick (quartier 8).

Soir
Après le dîner, sélectionnez l'une de nos adresses proposant de la musique traditionnelle en live.

Nos conseils de visite

Pour éviter les files d'attente, réservez vos tickets pour la Kilmainham Gaol et le *Book of Kells*.

SI VOUS PROLONGEZ VOTRE SÉJOUR

Vous connaissez déjà les incontournables de Dublin ? Sortez des sentiers battus et explorez les quartiers un peu excentrés.

Dublin Docklands

Dublin Docklands (quartier 11)

Dublin a décidé de redonner vie à ses docks, qui étaient délaissés depuis la fin de l'intense activité portuaire. Des architectes de renom ont été mandatés pour réinventer le visage du quartier, des activités nautiques sont organisées et il est même possible de visiter la réplique d'un trois-mâts ayant permis à 2 500 Irlandais de fuir la Grande Famine. Aux premiers rayons de soleil, la pause déjeuner s'organise le long de Grand Canal, également prisé le week-end pour ses brunchs et terrasses.

Irishtown et Poolbeg (quartier 12)

À seulement quelques kilomètres de l'agitation de Temple Bar s'ouvre la quiétude de la baie de Dublin, appréciée des oies sauvages. Au fil d'impressionnantes marées, d'immenses étendues de sable se dénudent et le promeneur peut longer les dunes en formation jusqu'au Great South Wall, l'une des plus grandes jetées d'Europe (2 km). Une étonnante promenade dans laquelle la nature a envahi, grâce à l'aide des habitants, une ancienne décharge, au pied de la centrale électrique de Poolbeg.

Howth (visite 13)

Ce village de pêcheurs est situé à 30 min de transport du centre-ville. C'est l'un des lieux d'évasion sauvage préférés des Dublinois grâce à ses circuits de randonnée qui serpentent dans les falaises. La nature a été parfaitement préservée sur une belle partie de la localité, offrant l'illusion d'une promenade au bout du monde, entre le port et le phare. C'est aussi l'escapade parfaite pour déguster un bon poisson, à quelques mètres du bateau qui l'a pêché.

Howth

Irishtown

VISITES PAR QUARTIER

Ha'Penny Bridge

À SAVOIR

Visiter Dublin

Nous avons découpé la ville en **12 petits quartiers** et ajouté **une visite hors de la ville,** à Howth. Le cœur de Dublin étant peu étendu, vous pourrez facilement vous déplacer à pied. Pour de plus longues distances, empruntez les transports en commun, efficaces (voir ci-contre).

Lire les cartes

Chaque visite est accompagnée d'un plan détaillé sur lequel nous avons placé tous les points d'intérêt du quartier. Les **pastilles de couleur** indiquent nos bonnes adresses de restos, de bars et de boutiques. Le numéro de la pastille colorée correspond à celui attribué à chacune des adresses. Reportez-vous au chapitre concerné pour lire la notice de l'établissement.

Dublin au vert

Dublin est probablement l'une des capitales les plus détendues d'Europe, loin du rythme effréné de certaines grandes villes. Si vous souhaitez être encore plus au calme, optez pour l'un des beaux espaces verts tels **Phoenix Park** ou **St Stephen's Green** (p. 144 et 88), allez respirer l'air du large dans la baie, à quelques minutes du centre-ville, ou prenez la tangente une demi-journée pour découvrir la nature de **Howth** (p. 162).

Se déplacer

- **À pied**, dans les quartiers du centre-ville comme O'Connell Street, Temple Bar, Trinity College, Dublin Castle et St Stephen's Green. La ville est très compacte.

Great South Walk

▶ **En bus**, le réseau est efficace pour les sites en dehors du centre (voir p. 172).

▶ **En tramway**, pour gagner du temps en cas de pluie ou pour aller à la gare de Heuston.

▶ **À vélo**, le système DublinBikes est pratique pour découvrir Phoenix Park, longer la Liffey ou se balader le long du canal.

▶ **En DART**, pour découvrir le littoral et les villages de la baie de Dublin.

▶ **En taxi**, prix abordables, et le chauffeur partage toujours ses anecdotes locales.

Réservations et conseils

▶ Certains sites tels que **Guinness Storehouse** et **Trinity College** sont très prisés et il est préférable d'acheter un ticket d'entrée à l'avance. Le nombre de tickets pour **Kilmainham Gaol** est limité et nécessite une réservation des semaines à l'avance surtout en été. Pour éviter une longue file d'attente, réservez aussi en ligne vos *Fast Track Tickets* pour le **Book of Kells** (attention, le billet combiné avec la visite de **Trinity College** par un étudiant, uniquement en vente sur place, ne permet pas ce coupe-file).

▶ Dans une ville qui célèbre les Early Birds, les billets sont souvent vendus moins cher en prévente et il peut être utile d'adapter votre planning de la journée en fonction des tarifs (exemple, pour la **Guinness Storehouse**, vous pourrez économiser jusqu'à 7,50 € en réservant un créneau horaire moins prisé).

Gratuité

L'accès à de nombreux musées est **gratuit** (National Museum of Archeology, National Gallery, Hugh Lane Gallery, National History Museum, etc.). Cependant, les expositions temporaires sont souvent payantes. (Voir p. 177.)

Âge légal

Sachez que les jeunes de moins de 21 ans – l'âge de la majorité en Irlande – peuvent se voir refuser l'entrée d'un pub après 21h. Certains pubs n'autorisent pas du tout les moins de 21 ans. En général, les enfants y sont autorisés accompagnés d'un parent jusqu'à 21h.

O'CONNELL STREET, LIEU DE L'INDÉPENDANCE

1

Autrefois connue sous le nom de « Sackville Street », cette artère bouillonnante prit en 1924 le nom de Daniel O'Connell, acteur phare d'un nationalisme irlandais non violent. Si l'avenue et ses perpendiculaires sont aujourd'hui connues pour leurs boutiques et restaurants, le quartier est marqué par le passé révolutionnaire, notamment à cause du General Post Office (GPO), cœur stratégique de l'insurrection de Pâques de 1916.

O'Connell Bridge

1 O'Connell Bridge✦

Ce pont du XVIIIe s., rebâti en 1880 pour l'aligner sur O'Connell Street, a aussi été la première image filmée de Dublin, une séquence tournée par les frères Lumière en 1897. Axe principal de la ville reliant les deux rives de la Liffey, il offre un beau point de vue en amont sur le Ha'Penny Bridge et en aval sur la Custom House.

2 O'Connell Monument✦

O'Connell Street, boulevard des célébrités, s'ouvre par le monument à la gloire de Daniel O'Connell (1775-1847), surnommé « le Libérateur de l'Irlande » pour son combat victorieux en faveur de l'émancipation des catholiques irlandais (1829). Les quatre Victoires ailées rappellent les qualités du grand homme : patriotisme, courage, éloquence et fidélité ; et leurs poitrines percées de balles, l'âpreté des combats lors du soulèvement de Pâques 1916 (Easter Rising).

O'Connell Street.

3 James Larkin Statue✦

Le chef syndicaliste, leader de la grève générale de 1913, est ici représenté les bras ouverts, haranguant la foule. C'est du balcon du grand magasin Clery's – alors Imperial Hotel, propriété de son ennemi, le magnat des transports William Murphy – qu'il encouragea les grévistes. Gravés sur le socle, ses mots les plus célèbres : « Les grands paraissent grands parce que nous sommes à genoux. Mettons-nous debout ! » La grève fut matée dans le sang, mais elle marqua le rapprochement entre nationalisme et socialisme.

O'Connell Street.

4 General Post Office (GPO)✦✦✦

De l'original, achevé en 1818, seuls subsistent le portique à colonnes et la façade. Le reste est parti en fumée lors des combats qui opposèrent les forces indépendantistes de Patrick Pearse et James Connolly à l'armée britannique lors de l'Easter Rising (1916). Reconstruit en 1929, le sublime intérieur du GPO ressemble à celui d'un grand hôtel Art déco. Le beau bronze de Cú Chulainn mourant, héros de la mythologie irlandaise, rappelle le sacrifice des insurgés.

Angle O'Connell Street et Henry Street • ☎705 7000 • www.anpost.ie • Lun.-sam. 8h30-18h • Accès libre.

5 GPO Witness History✦✦✦

À l'occasion du centenaire de l'insurrection de Pâques, le GPO s'est doté d'un centre interactif permettant de mieux comprendre les événements d'avril 1916, qui marquèrent l'Irlande à jamais.

Au cœur de l'Histoire

En admirant le charmant bureau de poste à l'étage, qui vaque à ses occupations dans un cadre d'une autre époque, il est difficile d'imaginer qu'il ait pu être l'épicentre d'une révolution. Il suffit de descendre quelques marches pour être plongé dans le contexte des événements, et même revivre le déroulé de ces Pâques sanglantes grâce à une animation vidéo immersive présentant les principaux protagonistes ainsi que le déroulé du soulèvement, heure par heure.

Mise en contexte

Le reste de la visite, entièrement audioguidé avec force détails (et la possibilité, en option, d'approfondir de nombreuses thématiques), s'attelle à dessiner un cadre aux événements. Quel était le contexte social qui encouragea la révolte, en Irlande et en Europe ? Quelles étaient les

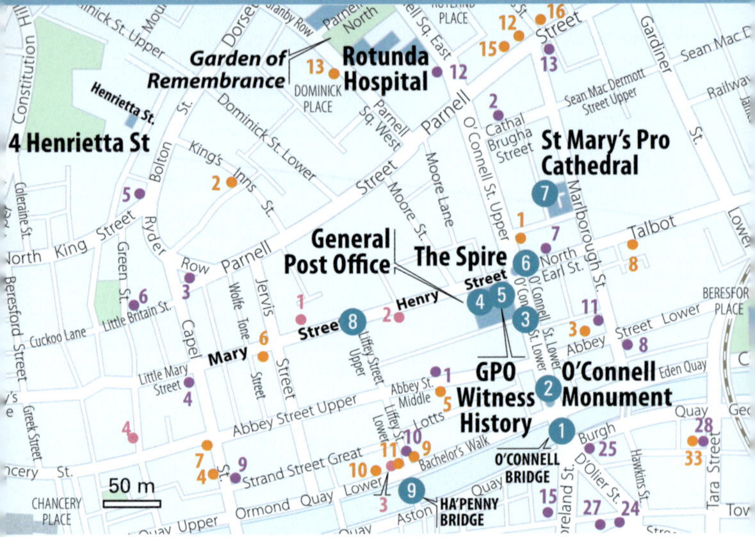

différentes visions de la nation qui s'opposaient à l'époque ? Comment le pouvoir en place réagit-il ?

Approche concrète

L'exposition décrit également la manière dont les Dublinois, de différents milieux et engagements, vécurent concrètement l'insurrection. Elle aborde la réaction des employés de la Poste, la surprise des passants. Le tout appuyé par des reconstitutions, des documents et objets d'époque, ainsi que des témoignages filmés d'experts et descendants.

General Post Office, O'Connell Street Lower
• ☏ 872 1916 • www.gpowitnesshistory.ie
• Mar.-sam. 10h-17h (dern. entrée à 16h)
• Entrée : 15 €.

6 The Spire✦

En quête d'un symbole de modernité, Dublin s'est entiché de cette gigantesque aiguille et de ses 120 m d'acier rutilant. Achevée en 2003, l'œuvre de Ian Ritchie a été érigée à l'emplacement de la colonne Nelson, construite en 1808 en l'honneur du vainqueur de Trafalgar et dynamitée en 1966 par les nationalistes de l'IRA pour célébrer dignement les 50 ans de l'Easter Rising ! The Spire est bien plus consensuelle. De plus, elle est l'un des lieux de rendez-vous des Dublinois.

7 St Mary's Pro Cathedral✦

L'inauguration en 1825 de cette cathédrale catholique – une basilique de style grec inspirée de l'église Saint-Philippe-du-Roule à Paris – attestait de la fin des lois pénales contre les papistes. Les cathédrales de Christ Church et de Saint-Patrick, elles, restaient aux mains de l'Église protestante officielle. En attendant leur retour au culte catholique – qui n'eut jamais lieu –, Sainte-Marie fut élevée ici, à l'écart de l'avenue principale. Quatre ans plus tard, l'Acte d'émancipation totale des catholiques était voté.

Marlborough Street • ☎874 5441 • www.procathedral.ie • Lun.-ven. 9h30-16h45, sam.-dim. 9h30-18h • Accès libre.

Henry Street

8 Henry Street et Mary Street✦

Entre les boutiques de téléphonie et celles de produits de beauté, cette artère commerciale aligne grands magasins mythiques (dont le grandiose **Arnotts**, de 1894), centres commerciaux sans âme (Ilac Centre, Jervis Centre) et gloires locales, telles que **Penneys** (le nom irlandais de Primark) et **Dunnes Stores**. C'est l'artère parfaite pour les mordus de shopping.

Pause fish and chips : Beshoff

Yvan Beshoff, tout droit arrivé de Russie, fonda cette institution en 1913. C'est le repaire des fanas de *fish and chips*. De la morue, de l'églefin, du carrelet ou de la sole, toujours très frais, frits dans une pâte à base d'œuf, de farine et de bière, le tout accompagné de frites délicieuses.
C'est hypercalorique et tellement bon !

1 plan D3 • *6 Upper O'Connell Street • ☎872 4400 • www.beshoffrestaurant.com • Lun.-jeu. 9h-21h, ven.-sam. 9h-22h, dim. 10h-21h •* Fish and chips *: 11-12,50 €.*

Ha'Penny Bridge

9 Ha'Penny Bridge✦✦

Parfois, le surnom est tellement fort qu'il prend le pas sur le nom officiel. Cette iconique passerelle métallique enjambant la Liffey s'appelait à l'origine Wellington Bridge, en l'honneur d'Arthur Wellesley, premier Duke de Wellington. Elle devint le Liffey Bridge, mais Dublinois et touristes préfèrent l'appeler Ha'Penny Bridge, en souvenir d'un ancien usage.

Taxe

Au début du XIXe s., le nord et le sud de la ville étaient reliés à cet endroit par des bateaux. M. Walsh, qui gérait la traversée, décida de créer un pont (1816) et d'exiger un droit de passage. Initialement fixée à un demi-penny *(half penny)*, la taxe s'éleva finalement à un penny et demi, avant d'être supprimée en 1919.

Icône

Image de carte postale de la ville par excellence, le Ha'Penny est également présent dans l'imaginaire de la pop culture irlandaise, notamment grâce au groupe U2, qui y réalisa une série de photographies officielles. Le pont qui se situe en amont est le **Millenium Bridge**. Cette passerelle métallique fut construite pour le passage au IIIe millénaire. Une agréable promenade aménagée s'élance dans cette direction et se prolonge le long de la Liffey.

Restos Bistrots

Blas Cafe

Sur le pouce 2 Plan C2

Cet immeuble fut le premier édifice en béton de la ville. Aujourd'hui, il accueille les Chocolate Factory Studios, un bouillon créatif et dynamique. Au rez-de-chaussée, le Blas Cafe propose *latte* à la mousse onctueuse et petite restauration de première fraîcheur. Dès le réveil, on fond pour le granola maison ! Le midi, sandwichs inventifs et salades. Le plus : la microboutique de créateurs installée dans un coin, derrière une paroi de verre.

26 King's Inns Street • 873 6022 • www.blascafe.ie • Lun.-ven. 8h-17h, sam. 10h-17h; en été, ouv. jusqu'à 15h • Sandwich ou salade : 7-10 €.

Tang

Sur le pouce 3 Plan D3

Un espace lumineux avec de grandes tables collectives et dans un esprit écolo. Le café vient d'une brûlerie locale et les plats du petit déjeuner sont à la fois gourmands et healthy (pancakes, porridge). Le midi, on apprécie les assiettes de salades composées colorées, un wrap aux saveurs orientales ou une bonne soupe accompagnée de pain focaccia maison.

9 Abbey Street Lower • 873 36732 • www.tang.ie • Lun.-ven. 8h-15h30; déj. à partir de 11h45 • Wrap ou salade : 7,50-10 €.

Dash Burger

Burgers 4 Plan G6

Ici, la spécialité c'est le *smash burger* : une technique américaine qui consiste à écraser le steak sur une plaque de cuisson à haute température. Résultat, les burgers ont une délicieuse croûte caramélisée, et tellement plus de goût ! Les quatre burgers au menu s'accompagnent de frites à la truffe, parmesan et sel au romarin ou de piments *jalapeño* panés.

159 Capel Street • 567 2348 • www.dashburger.ie • Mer.-dim. 12h-21h • Burgers : 8,95-10,95 €; frites : 5,50 €; jalapeño *: 8,95 €.*

Vice Coffee Inc.

International 5 Plan H6

C'est la version diurne de l'animé Wigwam (p. 28). L'obsession du lieu : le café. Rondeur des grains, suavité des arômes, perfection de la torréfaction. Chaque tasse invite à un vrai voyage gustatif, dans ce lieu qui se présente comme un « showcase des cafés les plus raffinés du globe ». La sélection change régulièrement et les puristes n'hésitent pas à dévergonder leurs chers nectars en y ajoutant whiskey et autres fantaisies. Leur *Irish coffee* « Fancy Frankie » a même été primé.

54 Middle Abbey Street • www.vicecoffeeinc.com • T.l.j. 11h-18h • Café : à partir de 3,50 €; Irish coffee : 9,50 €.

The Church

International 6 Plan C3

Cette église du début du XVIIIe s. abrite désormais dans sa galerie un restaurant. Sous le grand orgue (Händel y répétait son *Messie*), vous pourrez y savourer une cuisine internationale de bonne tenue qu'Arthur Guinness, le fondateur de la célèbre brasserie, marié ici en 1761, aurait sûrement appréciée. Agneau, bœuf irlandais de premier choix, poisson, risotto et pâtes, le tout servi avec diligence et dextérité.

Angle Mary Street et Jervis Street • 828 0102 • www.thechurch.ie • Lun.-jeu. 10h30-23h (23h30 jeu.), ven.-sam. 10h30-1h30, dim. 11h30-23h • Plats à la carte : 7-30 €.

Brother Hubbard North

Healthy 7 Plan G6

Un livre de cuisine présentant les meilleures recettes de l'équipe : pas de doute, nous voici dans un repaire branché. Pas étonnant que la mayonnaise ait si bien pris, quand on jette un œil à la carte des brunchs, assiettes du déjeuner et plats plus élaborés du soir. On y trouve un mélange de grands incontournables du moment et de jolies trouvailles, comme des plateaux de mezze, végétariens ou à la viande, ou du porc à la grecque accompagné de tzatziki et de purée de betteraves.

153 Capel Street • 441 1112 • www.brotherhubbard.ie • Lun.-mer. 9h-16h, jeu.-sam. 9h-23h, dim. 9h30-16h30 • Plat : env. 15 €.

The Church

101 Talbot

International 8 Plan D3

Situé à l'étage, ce restaurant décoré de grandes peintures colorées est l'une de ces adresses sympathiques pour son ambiance décontractée, son service jeune et enthousiaste, et sa cuisine internationale plutôt réussie. *Early Bird Menu* (pré-théâtre) imbattable, et on peut également y boire de la Guinness pression.

100-102 Talbot Street • ☎ 874 5011 • www.101talbot.ie • Mar.-sam. 12h-15h et 17h-23h • Early Bird Menu *(17h-18h30) : 26 € (38 € pour 3 plats).*

The Woollen Mills

Irlandais 9 Plan H6

Au pied du Ha'Penny Bridge se tient l'une des icônes de l'industrie de la laine dublinoise, connue pour avoir brièvement employé un certain James Joyce. Alors, quand Elaine Murphy, déjà propriétaire du tout proche (et renommé) The Winding Stair (ci-contre), décida de transformer le lieu en restaurant en 2014, elle mit un point d'honneur à y faire vivre la tradition irlandaise, dans l'assiette et dans la qualité de l'accueil. Entre la vaste terrasse, la salle qui entoure la cuisine ouverte et le rooftop avec vue romantique sur la Liffey, vous trouverez forcément une ambiance qui colle à votre humeur.

42 Ormond Quay Lower • ☎ 828 0835 • www.thewoollenmills.com • Lun.-ven. 12h-22h, sam.-dim. 17h-22h • Plats à la carte : 13-31 €.

Yamamori

Japonais 10 Plan H6

Au bord de la Liffey, dans un cadre contemporain, c'est sans aucun doute la meilleure adresse à Dublin pour déguster sushis, *norimaki* et *futomaki*. La présentation est raffinée, le poisson toujours fondant, le riz parfumé à souhait et les prix sont très raisonnables. La carte comporte aussi une belle sélection de tempura et de ramens à déguster de préférence dans la salle plutôt qu'au sushi bar, très bruyant.

38-39 Lower Ormond Quay • ☎ 872 0003 • www.yamamorisushi.ie • Tlj 12h-21h (22h jeu.-sam.) • Sushis : 5 € les 2, norimaki *: 12 € les 8 ; tempura et ramens : 13-25 €.*

The Winding Stair

Gastronomique 11 Plan H6

Au premier étage de cette librairie très connue (voir p. 32) se trouve un restaurant gastronomique aux airs de bistrot parisien. Il y a plusieurs raisons pour le découvrir. La cuisine, d'abord : simple, rustique, délicieuse, avec des classiques comme la souris d'agneau, mais aussi une belle sélection de poissons et de plats végétariens. Ensuite, la vue imprenable sur la Liffey et le si romantique Ha'Penny Bridge. L'ambiance, pour finir, très chaleureuse, grâce à une équipe pleine de bonne humeur.

40 Lower Ormond Quay • ☎ 872 7320 • www.winding-stair.com • Mer. 17h-22h, jeu.-dim. 12h-16h et 17h30-22h (21h dim.) • Plats à la carte : 8-35 € (midi) et 25-35 € (soir).

Bars, clubs Sorties

Wigwam

Bar à rhums 1 Plan H6

Le wigwam est une habitation amérindienne sphérique. Dans cet antre branché, tout est fait pour que vous vous sentiez un peu « comme à la maison ». Multipliant les espaces et les ambiances tantôt végétales, tantôt vintage ou brutes, ce bar est connu pour sa large sélection de rhums. Vous pourrez également jeter votre dévolu sur l'une des multiples bières locales et internationales servies à la pression. Au sous-sol, un « club » de ping-pong invite aux parties endiablées, un verre à la main (5 €/h par table).

54 Abbey Street Middle • 873 4020 • https://wigwamdublin.com • T.l.j. 12h-22h.

The Living Room

Bar à sport 2 Plan D2

Le Living Room, un peu caché dans une rue à l'arrière d'O'Connell Street, est le plus grand bar à sport de la ville. Avec pas moins de 50 écrans, il réunit les aficionados autour d'une pinte de bière ou d'un cocktail. Le *beer garden* est immense, avec des projections de matchs sur écran géant, et on peut y déguster des pizzas napolitaines cuites au feu

Wigwam

de bois. Bonne ambiance assurée en cas de match important !

Cathal Brugha Street • ☎ 872 7169 • www.thelivingroom.ie • Lun.-mer. 10h30-23h30, jeu.-sam. 10h30-2h30, dim. 12h-23h30.

The Black Sheep

Bière artisanale 3 Plan C3

Lieu de rendez-vous des amateurs de bières artisanales, ce bar appartient à la brasserie Galway Bay Brewery. Ici, on ne sert pas de Guinness ! Le décor est simple avec ses canapés en cuir et chaises de bistrot, et on peut profiter de la terrasse en cas de beau temps. On y trouve un grand choix de leur propre production, mais aussi une vaste sélection de bières internationales. Côté cuisine, c'est plutôt *pub food* sans chichis : ailerons de poulet, burgers, *fish and chips*.

61 Capel Street • ☎ 873 0013 • www.galwaybaybrewery.com/blacksheep • Dim.-jeu. 12h-minuit, ven.-sam. 12h-22h.

Slattery's

Pub traditionnel 4 Plan G6

Une clientèle d'habitués et de touristes se mêle dans ce pub traditionnel qui date de 1821. Faisant partie des rares pubs « *early house* » qui existent encore à Dublin, Slattery's a un permis qui l'autorise à ouvrir tôt le matin. Une bonne adresse pour s'essayer au copieux *Irish breakfast* pour démarrer la journée ou boire un *Irish coffee*.

The Black Sheep

129 Capel Street • ☎ 874 6844 • https://slatterys.bar/ • Lun. 7h-minuit, mar.-mer. 9h-minuit, jeu.-sam. 9h-1h, dim. 12h-23h.

Bo-Co

Bar 5 Plan C3

À la fois bar et pizzéria, Bo-Co attire une clientèle en quête de soirées chaleureuses. Derrière sa façade noire, une vaste salle d'inspiration industrielle mêle box entre amis, grandes tablées et large bar où se mélangent étudiants et clients de passage. La carte colle à l'atmosphère bigarrée, entre la vingtaine de gins à accompagner de tonics élégants, les bières artisanales, la traditionnelle Guinness et les nombreux cocktails bien dosés, dont d'excellentes compositions à base de whiskey. À accompagner d'une pizza à la pâte fine, tout droit sortie d'un four qui affiche fièrement ses 500 °C.

57 Bolton Street • ☏873 0128 • www.boco.ie • Mar.-jeu. et dim. 16h-23h30, ven.-sam. 16h-0h30 • Bières : à partir de 5 €.

Bar 1661

Bar à cocktails

6 Plan C3

Ce bar aux allures de pub modernisé est dédié aux alcools irlandais, et en particulier au *poitín*, qui était autrefois fabriqué à base de pomme de terre ou d'orge malté. Le nom vient de l'année 1661, durant laquelle la production de cet alcool traditionnel fut interdite. C'est un des meilleurs bars à cocktails du pays ; la carte des boissons impressionne : ne manquez surtout pas d'essayer leur Belfast Coffee, un *Irish coffee* fait avec du *poitín*.

1-5 Green Street • ☏878 8706 • www.bar1661.ie • Lun.-jeu. 17h-23h30, sam. 14h-0h30, dim. 14h-23h • Poitín Bán : 5 € ; Belfast Coffee : 9 €.

Madigan's

Pub traditionnel

7 Plan D3

Un pub dublinois tout en longueur, dans un beau cadre traditionnel de boiseries et de miroirs. Idéal pour bavarder tranquillement. Les gens du quartier s'y retrouvent. Musique live les vendredis, samedis et dimanches soir. Un lieu sans chichis dans lequel vous serez certain de passer un bon moment… et de partager quelques pintes avec des Dublinois.

25 North Earl Street • ☏874 0646 • www.madigansearlst.com • Dim.-jeu. 12h-23h, ven.-sam. 12h-minuit • Pinte de Guinness : 6 €.

The Abbey and Peacock Theatres

Théâtre

8 Plan D3

Cette institution de la vie culturelle dublinoise héberge le Théâtre national depuis 1904. Les grandes pièces du répertoire irlandais furent créées ici. C'est l'une des scènes les plus créatives de la capitale, produisant des classiques nationaux, de jeunes dramaturges ou des lectures publiques.

26 Abbey Street Lower • ☏878 7222 • www.abbeytheatre.ie • Lun.-sam. 12h-18h • Place : 18-45 €.

Panti Bar

Bar et night-club 9 Plan G6

Chaque jeudi soir (22h), la belle et exubérante Panti, la plus célèbre des drag-queens dublinoises, agite sa crinière blonde dans l'un des shows les plus courus de la ville. Gays, lesbiennes ou hétéros, chacun trouve son compte au Panti Bar, que ce soit pour les délirantes Furry Glen Bear Nights du samedi soir ou pour danser toute la nuit sur le meilleur de la musique pop.

7-8 Capel Street • 874 0710 • Facebook : PantiBarDublin • T.l.j. 17h-2h30.

The Grand Social

Bar et concert 10 Plan H6

Situé à deux pas du Ha'Penny Bridge, le Grand Social est un bar sombre et spacieux au rez-de-chaussée, avec une salle de concerts et un immense *beer garden* à l'étage. La programmation est bien remplie : projections de matchs, marché de vêtements vintage ou concerts plusieurs soirs de la semaine…

35 Liffey Street Lower • 677 1224 • www.thegrandsocial.ie • Dim.-jeu. 9h-0h30, ven.-sam. 9h-2h30.

Pipers Corner

Musique tradi 11 Plan D3

Le Pipers Corner ne ressemble pas à un pub typique puisqu'il a été ouvert en 2017, mais il est vite devenu une adresse incontournable pour les amateurs de musique traditionnelle irlandaise. Chaque soir, des musiciens locaux s'y rejoignent pour une session dans une ambiance chaleureuse, tandis qu'on y savoure une Guinness ou encore une bière artisanale locale. Le lieu est très prisé par les fans de l'équipe dublinoise de football gaélique !

105-106 Marlborough Street • 873 3503 • www.piperscorner.ie • Mar.-dim. 16h-23h30 (musique live à 21h, 20h le dim.).

Hôtels B&B

The Castle Hotel

Historique Plan D2

Connu pour être l'un des plus vieux hôtels de Dublin, il présente tous les charmes d'une demeure georgienne avec son élégant escalier, ses moulures d'origine, ses lustres en cristal. L'un des meilleurs rapports qualité/prix de la capitale.

Great Denmark Street, Gardiner Row • 874 6949 ou 874 2554 • www.castle-hotel.ie • De 99 à 299 €.

Harvey's

Chaleureux Plan D2

Une agréable *guesthouse* de style georgien, de 16 chambres, au décor élégant de maison de famille. On s'y sent comme chez soi.

11 Upper Gardiner Street • 874 8384 • www.harveysguesthouse.com • De 130 à 160 €; petit déj. : 12 €.

Shopping Cadeaux

Penneys

Mode femme 1 Plan C3

Penneys est le nom irlandais du célèbre Primark. C'est ici qu'a été fondée la future coqueluche de toutes les *teens*… et de leurs mères ! Les collections et les modèles sont innombrables, sans oublier des tonnes d'accessoires, de lingerie et de produits de beauté à des prix défiant toute concurrence. Une mode sympa… mais pas très durable !

47 Mary Street • ☎ 872 7788 • www.primark.ie • Lun.-mer. 8h30-20h, jeu.-ven. 8h30-21h, sam. 8h30-19h, dim. 10h-19h.

Arnotts

Grand magasin 2 Plan D3

Arnotts est à la fois le plus ancien et le plus important grand magasin d'Irlande. Particulièrement riche en prêt-à-porter, cet immense espace n'oublie rien : lingerie, produits de beauté, bijouterie, accessoires de mode, bagagerie, mobilier, ustensiles de cuisine, linge de maison, cadeaux, etc. dans une gamme de prix, dans l'ensemble, plutôt raisonnable. Organisé autour d'un patio et coiffé d'une verrière, le magasin possède quatre restaurants et cafés, idéals pour faire une pause en pleine frénésie de shopping.

12 Henry Street • ☎ 805 0400 • www.arnotts.ie • Lun.-ven. 10h-19h (20h jeu.), sam. 9h-19h, dim. 11h-19h.

The Winding Stair

Librairie 3 Plan H6

On passerait des heures à feuilleter les livres de cette petite librairie indépendante déjà fameuse dans les années 1970. Des publications sortant vraiment de l'ordinaire peuplent les hautes étagères en bois, entre neuf et occasion, dans des domaines très divers : graphisme, poésie, fiction, histoire, etc. À l'étage se trouve un restaurant (voir p. 27), d'où l'on peut contempler la Liffey.

40 Ormond Quay Lower • ☎ 872 6576 • www.winding-stair.com • T.l.j. 10h30-18h.

Arran Street East

Artisanat 4 Plan G6

Un atelier de poterie et de tissage dans une petite rue calme près de Capel Street, hors des sentiers battus. C'est aussi une très jolie boutique qui met en valeur toutes les créations en céramique faites sur place : mugs, vases, bols, assiettes… Il est également possible de s'initier à la poterie en rejoignant un de leurs cours, à réserver sur le site Internet.

44 Arran Street East • ☎ 872 9144 • www.arranstreeteast.ie • Lun.-ven. 10h-16h, sam. 11h-15h.

LES MEILLEURS IRISH COFFEES

Qui a inventé le whiskey, l'Écosse ou l'Irlande ? Le débat fait rage ! Pour l'*Irish coffee,* les insulaires ont écarté toute tentative de protestation en insérant l'origine de la création dans le nom. C'est pour revigorer les passagers de vols transatlantiques que Joseph Sheridan mit au point le breuvage. Voici les bonnes adresses pour déguster ce cocktail chaud qui envoie en apesanteur, avec modération.

Vice Coffee Inc.

Ce café prend tellement les choses au sérieux qu'il organise régulièrement des championnats ouverts aux pros et amateurs.

Voir p. 25, quartier 1.

The Brazen Head

Un pub qui existait déjà plus de sept siècles avant l'invention de l'*Irish coffee* et qui met toute sa connaissance du whiskey et du café dans un mélange très abouti.

Voir p. 52, quartier 3.

The Bank on College Green

Mention spéciale pour le cadre chic tout en mosaïque précieuse, vitraux, voûte à caissons et moulures.

Voir p. 80, quartier 5.

The Long Hall

Un cadre traditionnel et une recette respectée à la lettre pour un dosage parfait.

Voir p. 101, quartier 6.

The Brazen Head

O'Donoghue's

Des doses de crème (et de whiskey) aussi généreuses que l'ambiance générale et conviviale de ce pub adoré par les amateurs de sport.

Voir p. 121, quartier 7.

SUR LES TRACES DE L'INDÉPENDANCE

Lorsque la république d'Irlande est proclamée en 1949 à l'issue d'un lent processus d'indépendance, cela faisait quatre siècles que la rébellion enflammait le pays, créant des crises successives dont Dublin garde la mémoire.

Des alliés étrangers

Avec le début de la colonisation forcée par les propriétaires anglo-protestants, la révolte irlandaise se cristallise autour de la religion. Les catholiques font naturellement appel aux Espagnols et aux Français, que la lutte contre les Anglais intéresse toujours. Ces tentatives échouent et isolent Dublin et sa région, qui sont alors fiefs britanniques.

Une domination pesante

Dans un premier temps, l'île est partagée en deux zones. De véritables fortifications sont élevées tout autour de Dublin, et tout Irlandais gaélique doit montrer patte blanche pour les franchir. Au XVIIIe s., la répression violente permet à la domination anglaise de s'étendre à l'ensemble de l'île. Cependant, l'insatisfaction gronde en raison des exactions des troupes britanniques et de la dureté des propriétaires terriens.

Des révolutions contagieuses

Avec la fin du XVIIIe s., deux exemples stimulent les rebelles irlandais : la France et l'Amérique. Les catholiques n'ont pas le droit de voter, de s'instruire ou de posséder la terre. À Dublin, l'essor économique amène de nouvelles idées, et un vent de révolte souffle. En 1796, une flotte alliée venue de France essaie en vain d'aider les rebelles. Deux ans plus tard, une tentative de révolution est orchestrée par le Dublinois Wolfe Tone et ses *United Irish-men.* Elle échoue, mais, effrayés, les anglo-protestants déplacent le Parlement, alors situé dans ce qui

Charles Stewart Parnell devant le Parlement anglais

est aujourd'hui la **Bank of Ireland** (p. 78), de Dublin à Londres.

La conscience nationale

En 1828, un député de l'ouest du pays, Daniel O'Connell, surnommé « le Libérateur », organise une rébellion pacifique en faveur des droits des catholiques. Alors que les événements semblent tourner en sa faveur, la Grande Famine décime l'île. Deux millions et demi d'Irlandais meurent ou émigrent. La lourde responsabilité de l'Administration anglaise dans cette crise accroît le sentiment de révolte. Parallèlement aux mouvements catholiques, un protestant, Charles Stewart Parnell, a réussi à négocier une forme d'autonomie, le *Home Rule*, et à canaliser le nationalisme naissant.

Dublin se soulève

Malgré quelques concessions politiques, la misère des catholiques est effrayante. Dublin est une ville surpeuplée et insalubre. En 1913, James Larkin (p. 21) et James Connolly lancent une grève générale et fondent l'*Irish Citizens Army*. Les grévistes cèdent, mais la rébellion suit son chemin. Une révolution est programmée pour Pâques 1916. Le quartier général est le **GPO** sur O'Connell Street (p. 21), et les objectifs portent sur différents points stratégiques, comme les **Four Courts** (plan C3) ou **St Stephen's Green** (p. 88). Un millier de volontaires se présentent, et Patrick Pearse, poète irlandais, proclame la république. Hélas, les troupes britanniques noient l'épisode dans un bain de sang, et la plupart des chefs rebelles sont tués. Eamon De Valera et Michael Collins, sous la bannière du Sinn Féin fondé en 1905, remportent 75 % des sièges lors de l'élection de 1918. Les troubles sont aggravés par des actes terroristes. Un traité anglo-irlandais est finalement signé en 1921, concédant une indépendance relative à 26 comtés, le *Free State,* laissant ceux du Nord sous administration anglaise. La guerre civile reprend, scellant la partition entre les deux Irlandes. L'*Irish Republican Army* (IRA) refuse de déposer les armes et entre en résistance terroriste. La république d'Irlande est proclamée en 1949. ■

La Grande Famine

Épisode le plus noir de l'histoire de l'Irlande, la Grande Famine (1845-1852) fut provoquée par le mildiou, maladie s'attaquant à la pomme de terre, et aggravée par de mauvaises récoltes successives. La faim, le froid et les maladies telles que le choléra ou le typhus emportèrent un million et demi de personnes (Famine Memorial p. 150). Pour échapper à la misère, plus d'un million d'Irlandais embarquèrent vers l'Amérique à bord de ce que l'on surnomma les *coffin boats*, ces « bateaux cercueils » où se propageaient des épidémies.

PARNELL SQUARE, L'ÉLÉGANCE GEORGIENNE

2

Parnell Square est bien connu des Dublinois, car c'est le point de départ de nombre de manifestations et parades importantes. Les visiteurs apprécient la concentration d'immeubles et de places répondant aux codes de l'architecture georgienne. Haut lieu culturel grâce à d'importants musées, c'est le quartier le plus multiculturel du centre-ville.

Atelier de Francis Bacon

1 Rotunda Hospital✦

En haut d'O'Connell Street, la façade à portique surmontée d'une tour-lanterne est celle de la plus ancienne maternité au monde, ouverte ici en 1757. L'architecture grandiose rappelle que ce quartier fut, au XVIIIe s., le plus élégant de la ville. La Rotonde héberge depuis les années 1930 le célèbre **Gate Theatre** – Orson Welles y fit ses débuts –, siège des plus importantes créations théâtrales de la ville.

Parnell Square East • ☎874 4045 • www.gatetheatre.ie • Résa : lun.-ven. 10h-18h • Billet Gate Theatre : 25-37,50 €.

2 Garden of Remembrance✦

Dédié à tous ceux qui ont donné leur vie pour la liberté de l'Irlande, ce jardin du souvenir fut inauguré en 1966 pour les 50 ans du soulèvement de Pâques 1916. Un lieu paisible dominé par la sculpture monumentale d'Oisín Kelly sur le thème des enfants de Lir, ce roi de la mythologie irlandaise dont la seconde épouse, la terrible Aoife, aurait condamné les enfants à errer 900 ans sous la forme de cygnes avant qu'un saint homme ne les délivre par le baptême.

Parnell Square North • Ouv. de l'aube au crépuscule • Accès libre.

3 Henrietta Street**

Un pied dans Henrietta Street, et vous voilà au début des années 1720, dans la première rue georgienne de Dublin, développée par le grand propriétaire foncier Luke Gardiner. Il y construisit sa demeure (n° 10) et celles de personnalités en vue, comme l'archevêque Boulder, et définit ainsi les canons esthétiques qui guidèrent l'architecture dublinoise pendant tout le XVIIIe s. Des 15 maisons originelles, 13 ont survécu, mais certaines sont parfois dans un état de délabrement avancé.

4 14 Henrietta Street**

Un musée différent des autres, qui retrace l'histoire de cet immeuble georgien construit au XVIIIe s. pour les familles les plus aisées de la ville de Dublin et qui fut converti en appartements insalubres à partir de 1876.
On comptait 100 occupants au 14 Henrietta Street en 1911, avec des dizaines de familles qui y vivaient dans de terribles conditions de pauvreté. La visite guidée retrace l'histoire de

Garden of Remembrance

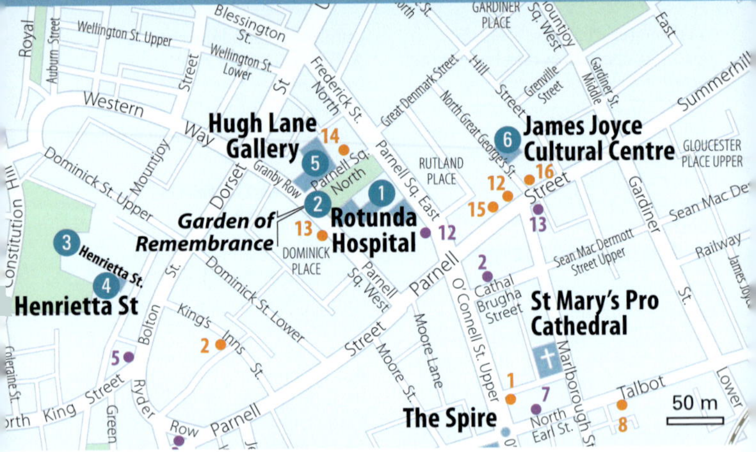

l'immeuble et de ses habitants, de son passé glorieux jusqu'aux dernières familles qui y ont vécu dans les années 1970.

14 Henrietta Street • ☎524 0383 • www.14henriettastreet.ie • Mer.-dim. 10h-16h • Visite guidée : 10 €.

5 Hugh Lane Gallery✦✦✦

Ouvert au public dès 1908, ce musée doit son existence au legs de sir Hugh Lane. Grand amateur d'impressionnisme, celui-ci avait décidé de faire don de sa collection à la Dublin Corporation en 1905. Ne trouvant pas de lieu adéquat pour accueillir ses toiles, le mécène envisagea alors de faire appel à la National Gallery de Londres. La Dublin Corporation tenta sa chance en proposant la luxueuse demeure du comte de Charlemont, érigée au XVIIIe s. par le célèbre architecte William Chambers.

Une succession difficile

Le décès de Hugh Lane, au cours du naufrage du *Lusitania* (1915), avant le règlement de la situation entraîna une bataille pour la possession des œuvres entre Londres et Dublin. Après plus de 50 ans de désaccord, il fut décidé que les 39 tableaux français célèbres (Manet, Monet, Degas, Renoir, etc.) légués par Hugh Lane seraient partagés entre les deux musées, par roulement.

La collection permanente

Forte de 2000 œuvres d'art, la collection se compose de peintures, sculptures, dessins et vitraux des XIXe et XXe s. Le noyau légué par Hugh Lane comprend des œuvres des écoles de Barbizon et impressionniste avec Corot, Millet, Puvis de Chavannes, Manet, Monet, Degas et Renoir, celles de leurs homologues irlandais, comme Walter Osborne et John Lavery, ainsi qu'une collection de la période victorienne avec les Anglais Burne-Jones et Albert Moore. L'art contemporain irlandais se découvre dans les peintures d'inspiration nationaliste de Seán Keating ou dans le modernisme de Mainie Jellett et Mary Swanzy.

L'atelier de Francis Bacon

En 1998, le musée fit l'acquisition de tout le contenu du studio londonien où l'artiste vécut et travailla de 1961 à 1992, année de sa disparition. Des historiens de l'art ont reconstitué minutieusement l'impressionnant chaos de cet atelier cher à Bacon, avec plus de 700 pièces recensées (tableaux lacérés, matériel de peinture, photos, etc.). Une découverte touchante de la vie de cet artiste hors du commun, de ses peintures et dessins, de ses inspirations toujours puisées dans les livres et les magazines, de ses techniques et méthodes de travail originales.

Charlemont House, Parnell Square North • ☎222 5550 • www.hughlane.ie • Mar.-jeu. 9h45-18h, ven. 9h45-17h, sam. 10h-17h, dim. 11h-17h • Accès libre.

6 James Joyce Cultural Centre✦

Si vous êtes à la fois passionné par Joyce et par le Dublin georgien, vous aimerez sûrement ce musée-centre de documentation dont la collection est tout aussi importante que variée. On vous y explique tout ce qui peut éclairer l'œuvre de l'écrivain, tandis que de nombreuses photos montrent tous les lieux cités dans *Ulysse*. La visite commentée s'accompagne d'une vidéo très intéressante sur le Dublin du début du XXe s. Les littéraires apprécieront.

35 North Great George's Street • ☎878 8547 • www.jamesjoyce.ie • Mer.-sam. 10h30-15h30 • Entrée : 5 €.

Pause sandwich : 147 Deli

Barry Stephens, le propriétaire du 147 Deli, maîtrise l'art du sandwich, et les Dublinois se précipitent à l'heure du déjeuner pour l'une de ses savoureuses créations. La carte comprend les sandwichs signatures comme le Reuben au corned-beef ou le 147 Cheese Steak au délicieux *roast beef* irlandais. En cas de grosse faim matinale, on essaie le Breakfast Buttie à la saucisse et au bacon. Et on n'oublie pas les végétariens, qui ont le choix entre quatre sandwichs.

12 plan D2 • *147 Parnell Street • ☎872 8481 • Lun.-ven. 9h-15h • Sandwichs : 7,50-9,95 €.*

Restos Bistrots

Mr Fox

Produits locaux

13 Plan C2

Fantastique, ce Mr Fox! Il se fait discret, avec sa tanière dans un entresol. Une fois le « renard » traqué, on chérit ce repaire comme un trophée qu'on ajoute au tableau de chasse des adresses qui font la différence. Avec le pain frais, des beurres « arrangés » en fonction de l'humeur du chef viennent accompagner des plats aux associations inspirées. À déguster dans des assises moelleuses, entre une désuète cuisinière de fonte et de céramique et des œuvres contemporaines.

38 Parnell Square West • 874 7778 • www.mrfox.ie • Mar.-ven. 17h-21h, sam. 12h-14h et 17h-21h • Menu (5 plats) : 65 €.

Chapter One

Haut de gamme

14 Plan C2

Une cuisine raffinée, tout en nuances, pour cette salle en sous-sol : beaux murs de pierre, grands tableaux et profonds canapés pour l'apéro. Laissez-vous séduire par de légers bavarois de légumes méditerranéens ou par de superbes poissons grillés élaborés par le chef finlandais Mickael Viljanen.

18-19 Parnell Square North • 873 2266 • www.chapteronerestaurant.com • Mar.-mer. 18h30-21h30, jeu.-sam. 12h30-14h et 18h30-21h30 • Menu déjeuner : 65 € (3 plats); menu dîner : 135 € (4 plats) et 170 € (dégustation); Early Bird Menu *(17h30-19h30) : 40 €.*

Mr Fox

Kimchi Hophouse

Coréen 15 Plan D2

On ne sait pas trop à quoi s'attendre avec sa façade de restaurant coréen et de pub irlandais traditionnel sur Parnell Street. Le Kimchi Hophouse, c'est un mélange de deux cultures : on y mange de la cuisine coréenne typique dans la partie restaurant et on peut y boire des bières dans la partie pub. La carte propose un menu tapas coréennes (poulet frit, croquettes de courge...), des sushis, mais aussi des spécialités telles que les pancakes de *kimchi* ou le *bibimbap*.

160-161 Parnell Street • ☏872 8318 • www.kimchihophouse.ie • Lun.-sam. 12h-22h30, dim. 12h-23h • Plat principal : 15-17 €.

Indian Tiffins

Indien 16 Plan D2

Ici, on réveille ses papilles avec des saveurs épicées du sud de l'Inde. Dans ce petit café-restaurant prisé par la communauté indienne locale, on sert des spécialités de petit déjeuner indien qui se dégustent toute la journée. Le *dosa* (crêpe à base de riz fermenté et de farine de lentilles) accompagné de chutney ou les *vadas* (beignets épicés) sont très populaires, et les *biryani* (plat de riz aux épices accompagné de légumes ou de viande) sont un délice.

143 Parnell Street • ☏ 089 234 6813 • www.indiantiffins.ie • Lun.-ven. 8h-23h, sam.-dim. 9h-23h • Plat principal : 10-17 €.

Bars, clubs Sorties

The Gate Theatre

Théâtre et concert 12 Plan D2

Cette grande scène dublinoise bénéficie d'un cadre plus agréable que The Abbey and Peacock Theatres (p. 30) et d'une salle intime. Elle s'est distinguée dès le départ par son éclectisme, jouant Oscar Wilde alors même qu'il était interdit en Grande-Bretagne. Orson Welles s'y produisit à ses débuts. La programmation propose souvent des pièces européennes et américaines plus que les classiques nationaux.

Cavendish Row, Parnell Square • ☏874 4045 • www.gatetheatre.ie • Lun.-sam. 10h-19h30 • Place : 25-38 €.

The Big Romance

Bar 13 Plan D2

Cherchez la façade peinte en noir et le néon rose en forme de cœur sur Parnell Street, et entrez dans un des bars les plus cool de la ville. Ambiance feutrée et banquettes en cuir à cette adresse spécialisée en bières artisanales et... disques vinyles. Les mardis et mercredis, le personnel joue ses disques favoris, tandis que des DJs animent le reste de la semaine. Et le vendredi, c'est soirée jazz !

98 Parnell Street • ☏559 5997 • www.thebigromance.ie • Lun.-jeu. 16h-23h30, ven.-sam. 13h-0h30, dim. 13h-23h30.

NOTRE TOP DES ADRESSES SUR LE POUCE

Les Irlandais ne prennent pas de longues pauses pour le déjeuner et il est facile de se restaurer rapidement à Dublin. Cafés, bars à salades, *fish and chips*... Voici notre sélection d'adresses où manger sur le pouce sans se ruiner.

Tang

Pour une pause rapide mais healthy, on y prend une salade composée ou un wrap et on y mange pour moins de 10 €.

Voir p. 25, quartier 1.

Sprout and Co

Des salades généreuses préparées devant vous, et ça ne coûtera pas plus de 15 € avec une boisson.

Voir p. 89, quartier 6.

147 Deli

Des sandwichs copieux à emporter et à manger vite fait au Garden of Remembrance. Le friand à la saucisse (5 €) est l'option la moins chère.

Voir p. 39, quartier 2.

Fish Shop

On peut commander un *fish and chips* ou un burger de poisson sur leur site pour gagner du temps.

Voir p. 148, quartier 10.

Fish and chips

LE MEILLEUR DE LA CUISINE IRLANDAISE

Dissimulés dans les entresols de demeures historiques, surplombant une librairie ou camouflés derrière des allures de pub classique : Dublin regorge de restaurants de chefs talentueux qui prennent le temps de magnifier les trésors de leur terroir.

Mr Fox

Camden Kitchen

Une cuisine de saison, tout en sobriété et amour du produit.

Voir p. 94, quartier 6.

Mr Fox

Une tanière discrète en entresol, qui dissimule associations osées et rencontres de saveurs aussi explosives que réussies.

Voir p. 40, quartier 2.

The Winding Stair

Un restaurant qui met autant de poésie dans sa carte que dans son nom, emprunté à une œuvre de W. B. Yeats.

Voir p. 27, quartier 1.

Chapter One

Dans l'ancienne demeure de George Jameson, une adresse qui décroche des étoiles.

Voir p. 40, quartier 2.

L. Mulligan Grocer

Une magnifique adresse qui donne une tout autre dimension à la notion de « nourriture de pub ».

Voir p. 149, quartier 10.

CUISINE IRLANDAISE

Dublin est devenu depuis quelques années un carrefour cosmopolite, et les restaurants internationaux y fleurissent. Mais, si vous préférez les mets traditionnels, attablez-vous dans les pubs qui servent encore les robustes plats du terroir dans une ambiance chaleureuse et conviviale. N'attendez pas des saveurs inventives, mais des plats simples et nourrissants hérités d'une époque plus difficile.

Au commencement était la pomme de terre...

Longtemps pays très pauvre, l'Irlande n'offrait qu'une alimentation rudimentaire avec peu de viande et, surtout, beaucoup de pommes de terre. Les ragoûts en sont d'ailleurs en grande partie composés, car autrefois la viande n'était consommée qu'avec parcimonie. D'autres plats se limitent même à la seule pomme de terre, comme le *boxty*, une spécialité du Donegal, sorte d'épaisse galette de pomme de terre râpée que l'on frit ou que l'on peut également manger farcie. Repas des plus pauvres pendant la Grande Famine, cette simple galette a aujourd'hui pris des accents chics.

... ensuite vint le chou

Le deuxième ingrédient le plus populaire était le chou. Avant que le chou cultivé ne soit importé au XVIIe s., c'était le chou sauvage et le chou marin qui composaient les plats et les ragoûts. La plus célèbre des recettes est le *colcannon* (« déjeuner du laboureur »), un mélange de purée de choux, de pommes de terre, de lait, de beurre et d'oignons, très prisé autrefois pour les jours maigres, car il ne contient pas de viande. On le servait les vendredis ou pour Halloween. Le chou est la base du *bacon and cabbage* que l'on sert à l'occasion de repas festifs, comme pour le jour de la Saint-Patrick.

La viande de la ferme

Les viandes jadis les plus consommées étaient le mouton et le porc, déjà élevés du temps des Celtes. Ainsi, la plupart des recettes traditionnelles utilisent ces deux viandes. Le bœuf est, quant à lui, la viande préférée

Irish breakfast

des Anglais. L'*Irish stew,* le plat national, est préparé avec des pommes de terre, des oignons, des herbes et du mouton coupé en dés, puis qui mijote longuement au four dans du bouillon. Autre plat consistant et bon marché, le bœuf à la Guinness se consomme dans tous les pubs de la capitale.

Poissons et préjugés

Curieusement, pour une île, le poisson n'est pas un aliment de base. En dehors du *fish and chips* ou du poisson du vendredi, on ne le consomme guère en famille. Cependant, de plus en plus de restaurants l'incluent dans leurs menus, même s'il est surtout apprécié par les étrangers. Autrefois, on considérait le poisson comme un mets de pauvre. Harengs et maquereaux étaient vendus dans les rues de Dublin par les consœurs de la célèbre **Molly Malone** (p. 77). Le saumon, qui est le poisson irlandais par excellence, était si courant à une époque que parmi les revendications des employés figurait celle de ne pas en manger plus de trois fois par semaine ! Du temps des Celtes, c'était un mets de choix, servi grillé avec du miel. Aujourd'hui, le saumon sous toutes ses formes (mariné, fumé, en sauce) est consommé partout, mais c'est sauvage et fumé au bois de chêne qu'il est le meilleur.

Thé ou café

Après la bière, le thé largement allongé de lait est l'autre boisson nationale que les Irlandais consomment à toute heure de la journée. Simple coupe-soif au milieu du shopping, boisson d'accompagnement des repas, gage d'hospitalité dès votre arrivée, il se sert dans une tasse ou dans un *mug,* haute chope de porcelaine ou de faïence. On vous le propose seul ou accompagné de biscuits ou de scones. La tradition du *high tea,* véritable repas léger de 17h, servi dans les établissements les plus sophistiqués, est un héritage britannique. Le café devient de plus en plus à la mode et les Irlandais l'adorent avec du lait, pour la pause du matin, à 11h. ■

La légende de l'*Irish breakfast*

Vous qui êtes habitué à une tartine et à un café rapide au réveil, préparez-vous au plantureux petit déjeuner traditionnel. La règle veut que l'on commence par un jus de fruits suivi de céréales ou de porridge. Ensuite vient ce que l'on appelle le *fry* : bacon, saucisse, boudin noir, œuf au plat (*mirror* ou *sunny side up*) ou brouillé (*scrambled*) et tomates. Le tout s'accompagne de pain grillé, de beurre et de confiture, et s'arrose de thé ou de café. Une variante propose du poisson fumé avec de la crème et des galettes de pomme de terre.

3

DUBLIN CASTLE
ET LA CITÉ MÉDIÉVALE

C'est le cœur historique de la ville, ce Dubh Linn – « bassin aux eaux noires » – dont la capitale irlandaise tire son nom. Ici, les Vikings fondèrent la première cité royale, St Audoen's et Christ Church, avant que le Dublin Castle, érigé par l'envahisseur normand, n'incarne pendant sept siècles la domination anglaise sur l'Irlande.

Christ Church Cathedral

1 Christ Church Cathedral✦✦

La plus ancienne cathédrale de Dublin fut fondée en 1037 par le roi viking Sitric Silkenbeard. À l'origine en bois, la petite église fut reconstruite en pierre au tournant du XIIe s., mais, de cette période, ne demeurent que la crypte et quelques chapiteaux. En 1487, elle voit le couronnement d'Edouard VI, puis passe au culte protestant avec la réforme au XVIe s. Il faut attendre le XIXe s. pour qu'une restauration financée par le magnat du whiskey Henry Roe lui donne sa physionomie néogothique actuelle. Christ Church est l'église anglicane officielle du diocèse de Dublin ; Saint Patrick est celle de la nation.

Les trésors de la cathédrale

L'immense crypte médiévale qui s'étend sous l'édifice abrite quelques reliques et une petite exposition. Objets liturgiques et manuscrits évoquent les 1 000 ans d'histoire de la cathédrale, dont cette assiette ciselée offerte par le roi William III pour célébrer sa victoire à la bataille de la Boyne (p. 57). Dans la chapelle Saint-Laud, un reliquaire renferme le cœur de saint Laurence O'Toole, bâtisseur de la cathédrale, archevêque et saint patron de Dublin, tandis qu'un beau lutrin médiéval en laiton trône dans la partie nord de la nef. Plus curieux : les corps desséchés d'un chat et d'un rat, prisonniers du grand orgue dans les années 1860, sont également exposés dans la crypte.

La tombe de Strongbow

Rien n'indique clairement que la tombe surmontée d'un gisant qui se trouve sur le côté droit près de l'entrée soit celle du conquérant anglo-normand Strongbow, qui s'empara de Dublin en 1170 et mit fin, par ricochet, à l'indépendance de l'Irlande, en obligeant Henri II à intervenir. Il est en revanche certain que ses reliques sont enterrées dans l'édifice. Le petit gisant voisin vient certainement du monument funéraire d'origine, probablement endommagé lors de l'effondrement de la toiture.

Christchurch Place • 677 8099 • www.christchurchcathedral.ie • Lun.-sam. 10h-17h, dim. 12h30-15h et 16h30-18h (horaires susceptibles d'être modifiés); f. 26 déc. • Entrée : 10 €.

2 Dublinia**

Reliée à la cathédrale par un étonnant pont couvert, l'ancienne assemblée des évêques accueille désormais un passionnant musée du Moyen Âge. À travers des reconstitutions et des objets du quotidien, c'est toute l'histoire de Dublin qui défile, de la conquête normande à la dissolution des monastères par Henri VIII. Dans la salle de jeux, les enfants pourront s'initier à l'art du pilori ! Plus sérieux : une maquette interactive permet de retracer le développement urbain de la capitale.

Winetavern Street • 679 4611 • www.dublinia.ie • T.l.j. 10h-17h30 (16h30 oct.-fév.); f. 24-26 déc. • Entrée : 15 €.

Pour une pause royale : Queen of Tarts

C'est dans le quartier de Cow's Lane que se situe l'établissement d'Yvonne et Regina Fallon, les « reines des tartes ». Pour un déjeuner léger ou un thé gourmand, c'est parfait. Pas de concept ronflant ni de déco tapageuse, mais une cuisine à base de produits bio qui va à l'essentiel : de délicieuses tartes salées, de copieux sandwichs et surtout de bonnes pâtisseries, comme le *Victoria sponge cake*, à déguster sur place ou à emporter.

17 plan G7 • *Cow's Lane • 633 4681 • www.queenoftarts.ie • Mer.-sam. 9h-17h, dim. 9h30-17h • Tarte salée : 13 €; sandwich Combo : 10 €; Victorian sponge cake : 5-6 €.*

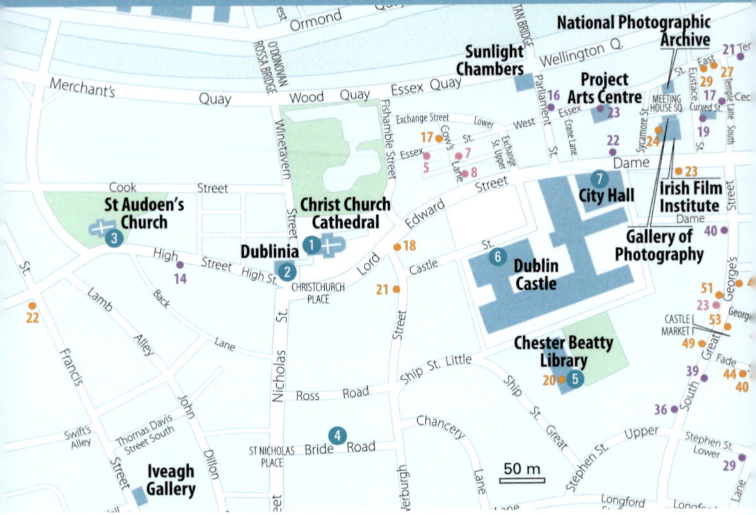

❸ St Audoen's Church✦✦

Au cœur du quartier historique de la ville, la plus ancienne église médiévale de Dublin s'élève au centre d'un agréable petit jardin serti de remparts du XIIIe s. Dédiée à saint Ouen (VIIe s.), évêque de Rouen et saint patron de la Normandie, elle a conservé son clocher du XIIe s., dont on dit qu'il est le plus ancien d'Irlande.

Corn Market, 14 High Street • ✆677 0088 • www.heritageireland.ie • Avr.-oct. : t.l.j. 9h30-17h30 • Accès libre.

❹ Les plaques de Chris Reid✦

Sur les murs de Nicholas Street, Ross Road, Bride Street et Bride Road, l'artiste irlandais Chris Reid a installé d'étranges plaques commémoratives. Les textes reproduits sur les 21 carrés de bronze sont des extraits d'interviews d'habitants du quartier, réalisées entre 2004 et 2008. Souvenirs de nuits festives, mais aussi d'un père alcoolique ou de stigmates de la pauvreté, l'œuvre aux allures de jeu de piste offre un joli témoignage du passé.

www.chrisreidartist.com

❺ Chester Beatty Library✦✦✦

Devant les ravissants jardins de Dubh Linn, un bâtiment du XVIIIe s. paré d'une extension moderne accueille la fabuleuse collection de manuscrits, de parchemins et d'œuvres d'art glanés en Asie, au Moyen-Orient, en Afrique du Nord et en Europe par un magnat de l'exploitation minière, sir Alfred Chester Beatty. Les deux galeries renferment, dans leur atmosphère feutrée, environ 20 000 inestimables trésors de 2700 av. J.-C. jusqu'au XXe s.

Collectionneur et philanthrope

Né à New York, Alfred Chester Beatty (1875-1968) commença à bâtir sa fortune lors de la dernière ruée vers l'or. Au fil de ses investissements en Afrique et en Europe, le « roi du cuivre » collectionne timbres, minéraux et tabatières chinoises, puis des livres et des manuscrits. En 1911, il quitte les États-Unis pour l'Angleterre, puis découvre Le Caire, où naît sa passion pour la culture islamique. La découverte de l'Asie, qui suivit, puis sa volonté d'investir dans l'art européen vinrent enrichir la collection. Devenu citoyen britannique (1933), il finit par accepter l'invitation de la toute jeune république d'Irlande à la rejoindre. À sa mort, il lui lègue toute sa bibliothèque.

Galerie 1 : traditions artistiques

Voyage à travers toutes les époques et les cultures, la visite nous entraîne d'abord en Occident, à la découverte de somptueux manuscrits du Moyen Âge, gravures et autres livres rares, notamment des *Poèmes* de Charles d'Orléans, illustrés par Henri Matisse. Le parcours se poursuit en Orient avec de délicieuses miniatures persanes, turques ou indiennes, avant de se déplacer toujours plus à l'est. Livres de jade, tabatières chinoises, peintures japonaises et chinoises sur rouleaux de soie, et nombreux objets traditionnels témoignent de la richesse de l'Extrême-Orient.

Chester Beatty Library

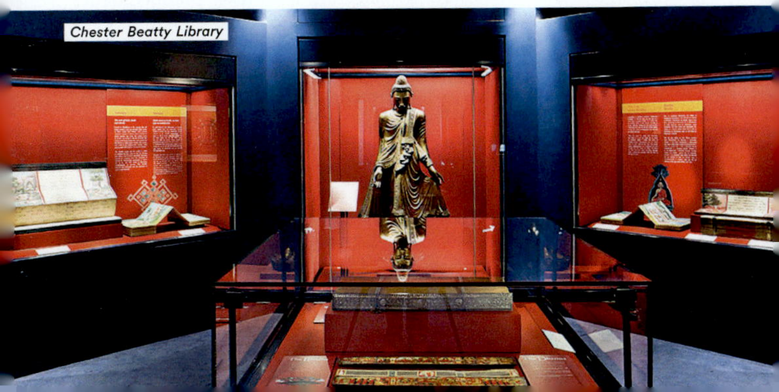

Galerie 2 : traditions sacrées

Les grandes religions sont à l'honneur dans cette galerie où sont exposés textes sacrés et manuscrits. Parmi les chefs-d'œuvre de l'art occidental : le *Livre d'heures de Coëtivy* (*The Coëtivy Book of Hours*, Paris, 1443), un livre liturgique créé pour le Breton Prigent de Coëtivy. La collection islamique comprend plus de 4000 manuscrits, principalement en arabe, en perse et en turc ottoman. Tous sont des œuvres prestigieuses, créées à l'époque pour des sultans, des chahs, des princes et de riches marchands du monde islamique.

Dublin Castle • ☏407 0750 • www.chesterbeatty.ie • Lun.-mar. et jeu.-sam. 9h45-17h30, mer. 9h45-20h, dim. 12h-17h30 ; f. lun. nov.-fév. • Accès libre (don suggéré : 5 €).

6 Dublin Castle✦✦

Construit à la demande de Jean sans Terre en 1204, ce château représente quelque sept siècles de domination anglaise. C'est en effet ici que résidèrent jusqu'en 1922 les vice-rois d'Irlande nommés par l'Angleterre. Hormis la Tower Record, il ne reste pratiquement aucune trace de la bâtisse d'origine, notamment à cause de l'incendie de 1684. Les jardins en contrebas remplacent un plan d'eau, Black Pool ou Dubh Linn, qui a donné son nom à la ville. Site chargé d'histoire, Dublin Castle est toujours un lieu de pouvoir.

La cour supérieure *(Upper Yard)*

Après l'incendie de 1684, la cour fut aménagée pour accueillir les appartements d'État. Autrefois logements des vice-rois, les *State Appartments* ont conservé leurs magnifiques lustres en cristal de Waterford, les tapis de Killybegs ainsi que du mobilier français et les tapisseries des Gobelins. La salle du Trône possède un siège royal offert, selon la légende, par Guillaume d'Orange après la bataille de la Boyne. À voir également : les remarquables stucs qui ornent la salle Apollo et l'ancienne salle de bal (St Patrick's Hall), dont les fresques au plafond symbolisent les relations entre l'Irlande et l'Angleterre. Elle accueille aujourd'hui la cérémonie d'investiture des présidents de la République.

La cour inférieure *(Lower Yard)*

Des fouilles y ont révélé des fortifications vikings et normandes. Unique vestige du XIIIe s., la Tower Record fut un temps une prison de haute sécurité. Elle abrite aujourd'hui un **musée de la Police**. Sur le côté, l'église de la Sainte-Trinité, construite au XIXe s., est vouée au culte catholique depuis 1943. Ancienne chapelle royale, elle mérite le détour pour sa façade néogothique flanquée d'une centaine de têtes de personnages illustres, comme Swift ou saint Patrick.

Dame Street • ☎645 8813 • www.dublincastle.ie • T.l.j. 9h45-17h45; f. 1er janv., Ven. saint et 24-28 déc. • Entrée : 8 €; avec visite guidée des appartements d'État : 11 €.

Lord Edward Street

7 City Hall✦

Destiné à l'origine à devenir la Bourse du commerce, ce monument néoclassique coiffé d'une coupole devint le City Hall en 1852. C'est ici qu'eurent lieu les funérailles de deux héros de la résistance irlandaise, Charles Parnell et Michael Collins.

Dame Street • ☎222 2204 • www.dublincity.ie/dublincityhall • Lun.-ven. 10h-16h • Accès libre à la rotonde.

DES MÉGALITHES À L'ART DES CELTES

Bien que la civilisation celte ne concerne qu'une petite partie de l'histoire de l'Irlande, elle est devenue son symbole. Cette culture, qui a rayonné bien au-delà des frontières de l'île grâce à l'influence des moines et des sages irlandais, ne doit pas être confondue avec l'art irlandais.

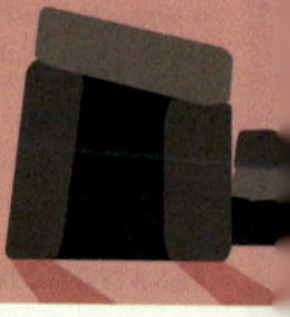

Une première vague d'envahisseurs

Bien avant l'arrivée des Celtes, l'île est peuplée par des envahisseurs venus d'Écosse. Ce sont les Fir Bolg, dont toutes les légendes irlandaises ont gardé la mémoire. Ils ont laissé de grands monuments mégalithiques, comme celui de Newgrange, au nord de Dublin, qui montrent qu'ils pratiquaient un culte des morts élaboré et une certaine forme d'astronomie. Parmi les objets mis au jour lors de fouilles archéologiques, on a retrouvé de splendides colliers d'or massif, comme celui de Gleninsheen, réalisé 700 ans avant notre ère et exposé au National Museum of Archeology (p. 113).

L'arrivée des Celtes

Visible partout à travers l'artisanat, l'influence des Celtes sur l'Irlande est très profonde. Venant d'Europe continentale, ils débarquèrent sur l'île au IVe s. av. J.-C. La plus importante des tribus celtes est celle des Gaëls, arrivée des actuelles Espagne (notamment de Galice) et France. Ces fiers guerriers domestiquent le cheval et manient les armes de fer avec dextérité. Leur organisation sociale repose sur la famille et la tribu. Ils forment une communauté égalitaire, accordant aux femmes et aux poètes une place privilégiée. Leur monde spirituel est peuplé de dieux et de héros qui vont durablement inspirer l'imaginaire irlandais et sa poésie. Ils apportent également un début de gastronomie (pain au levain, bière, hydromel, beurre, etc.).

De grands mystiques

Les Celtes pratiquent leur culte en pleine nature. Tout au long de

Croix celte

l'année agricole, de grandes fêtes se déroulent en plein air. Leurs divinités symbolisent les forces de la nature, comme le ciel, la terre, l'eau, la lumière ou le feu. Le monde des morts est pour eux une réalité : ce n'est qu'un passage vers un autre univers, parallèle au nôtre, mais tout aussi réel. C'est peut-être ce qui explique leur bravoure lors des combats. Les maîtres à penser de leur société sont les druides, sages érudits qui transmettent leur savoir oralement. Le peuple celte possède un système de règles et de lois très précis. On attribue les titres et le pouvoir par des élections.

L'âge d'or

Avec la chute de l'Empire romain, l'Europe sombre dans le chaos. L'Irlande, préservée de la conquête romaine grâce à Jules César, reste le dernier bastion de la civilisation raffinée. À la même époque, la christianisation commence avec saint Patrick, l'un des premiers missionnaires à aborder, en 432, la terre d'Irlande. Il se heurte à l'héritage du mysticisme celte que la nouvelle Église ne parvient pas à éradiquer totalement et qu'elle intègre en partie. Pourtant, le terrain est favorable et les monastères se multiplient. Celui de Glendalough, au sud de Dublin, dans le site préservé et romantique des Wicklow Mountains, donne une idée de la vie d'ermite de ces premiers moines, parmi les plus fins lettrés d'Europe. Dans les monastères, ils utilisent d'abord l'écriture celte *(ogbam)*, puis latine. Leurs livres enluminés sont parmi les plus anciens manuscrits au monde, tel le *Book of Kells*, exposé au Trinity College, dont les enluminures somptueuses reprennent tous les motifs celtes d'entrelacs, d'oiseaux ou de dragons fantastiques (p. 75). Des Celtes, les chrétiens conservent l'organisation sociale, la large place accordée aux femmes, y compris dans les communautés religieuses, le goût des légendes, de la poésie et de l'art. On appelle alors l'Irlande « l'île des savants et des saints ». Cet âge d'or sera interrompu à la fin du VIIIe s. par l'arrivée des Vikings. Le site de Dublin, déjà occupé par les Celtes, est alors urbanisé par ces nouveaux colons. ■

La vogue néoceltique

Reflet de la fascination qu'avait le XIXe s. pour le passé culturel et artistique de l'Irlande, ce style décoratif fondé sur les motifs celtiques fut inspiré par les découvertes archéologiques, comme celle de la broche de Tara en 1850, exposée au National Museum of Archeology (p. 113). Caractérisé par l'usage de symboles irlandais comme le trèfle ou la harpe, l'emprunt au *Book of Kells* des entrelacs et de l'écriture gaélique, ce style continue d'inspirer les joailliers irlandais dans leurs créations. (Voir aussi l'encadré p. 83.)

DUBLIN, DIX SIÈCLES DE DOMINATION ÉTRANGÈRE

Petit village celte puis importante cité viking, Dublin est conquis au XIIe siècle par les Anglo-Normands. Dès lors, et jusqu'en 1922, date de la proclamation de l'État libre d'Irlande, Dublin est une cité-État coloniale du royaume britannique. De Brian Boru à Silken Thomas, zoom sur sept siècles de révolte.

Les Vikings, maîtres de Dublin

C'est en 841, au niveau de l'actuel Wood Quay, que s'installe la première colonie viking. L'endroit, abrité des vents et proche de la mer d'Irlande, est idéal pour le commerce. Depuis 50 ans déjà, les redoutables marins et guerriers attaquent les côtes irlandaises, pillant les monastères. Les Vikings développent le commerce extérieur et contrôlent désormais de nombreux territoires : la mer d'Irlande, l'île de Man, plusieurs cités anglaises et une partie de la France du Nord-Ouest. Au Xe s., la cité s'est développée et enrichie, grâce au commerce de peaux de bêtes, de bijoux et d'esclaves que le redoutable Ivar le Désossé rafle sur les côtes écossaises.

Brian Boru

Au début du XIe s., un roi irlandais se lève pour donner au pays son unité : Brian Boru (v. 941-1014). Face à lui, Mael Mórdha, roi de Leinster, et le roi de Dublin, Sitric Silkenbeard. Appuyés par des troupes vikings venues d'Angleterre, de Norvège et du Danemark, ils s'affrontent à Clontarf en 1014. Les troupes de Brian Boru sont victorieuses, mais leur chef meurt au combat. Les Vikings conservent le contrôle de Dublin, jusqu'à l'invasion des Normands. Ils bâtissent notamment un formidable **mur d'enceinte** et **Christ Church Cathedral** (p. 46) à partir de 1037.

La conquête anglo-normande

En 1166, le roi de Leinster, Diarmait Mac Murchada, évincé par Rory O'Connor, roi de Connacht, demande le soutien d'Henri II d'Angleterre. Il ne tarde pas à recevoir l'aide de Strongbow, alias Richard de Clare. Aidé de ses vaillants archers gallois, il reprend le royaume de Leinster et s'empare de Dublin. Il épouse la fille de Mac Murchada, devenant, à la mort de ce dernier, roi de Leinster. Cependant, Henri II ne supporte pas l'idée qu'un vassal du roi d'Angleterre puisse diriger l'Irlande. En 1171, il débarque sur les côtes irlandaises et soumet les seigneurs irlandais et le récalcitrant Strongbow (p. 47). Henri repart en laissant son homme de main, Hugh de Lacy, en charge de la seigneurie d'Irlande. L'ère de la domination anglo-normande commence.

Le long Moyen Âge

Le commerce et les manufactures sont un élément vital de Dublin. Le colon anglo-normand introduit un système de corporations réservées aux « Anglais de nom et de sang », et interdit aux Gaëls. La ville s'étend chaque jour davantage. En 1215, on édifie le premier pont de pierre sur la Liffey. Le premier Parlement irlandais siège en 1264, mais, au XIVe s., la colonisation semble reculer. Avec les grands incendies, puis la famine et la terrible épidémie de peste, toute la colonie anglo-normande est menacée. À la fin du XVe s., seule une petite partie de Dublin est réellement sous le pouvoir de la couronne d'Angleterre.

Henri VIII et la Réforme

Au moment où Henri VIII rompt avec Rome et établit la suprématie royale sur l'Église d'Angleterre (*Act of Supremacy*, 1534), il doit aussi affronter la révolte des Kildare, gouverneurs de la seigneurie d'Irlande. Silken Thomas, comte de Kildare, dénonce l'apostat et veut expulser les Anglais. Il est arrêté, puis exécuté. En 1541, Henri VIII fait de l'Irlande un royaume et ferme alors tous les monastères du pays. À Dublin, le plus important, le prieuré de All Hallows, est remplacé par le **Trinity College** (1592).

La bataille de la Boyne

En 1690, l'Irlande devient le théâtre d'un affrontement politique qui scelle le sort des catholiques irlandais : la bataille de la Boyne. Les troupes du nouveau maître de l'Angleterre, le protestant William III, affrontent celles du catholique Jacques II, détrôné peu de temps avant. Les protestants remportent la victoire (voir les tapisseries de la Chambre des lords de la **Bank of Ireland**, p. 78). On promulgue des lois pénales interdisant aux catholiques irlandais d'acheter des terres et d'accéder à des fonctions publiques ou militaires. Ce n'est qu'un siècle plus tard, après l'héroïque combat d'O'Connell en 1829 (p. 20), que les catholiques d'Irlande regagnent leurs droits. ■

Christ Church Cathedral, héritage viking

TEMPLE BAR, COEUR DE LA FÊTE

4

Entre la Liffey et Dame Street – la rue des banquiers –, Temple Bar était au XVIIIe siècle le quartier portuaire. L'hôtel des Douanes se trouvait ici avant de déménager en aval (Custom House). Les étroites ruelles pavées grouillaient d'animation, entre échoppes besogneuses et hôtels de passe. Véritable no man's land à la fin des années 1970, le quartier a fait l'objet d'un ambitieux projet visant à en faire le hub culturel de Dublin. Pubs musicaux, restaurants, galeries, institutions artistiques et discothèques en font le point de ralliement des nuits dublinoises.

Fleet Street

1 Central Bank✦

Si vous aimez l'architecture, observez le siège de la Banque centrale irlandaise (1978) : chacun de ses étages, d'abord entièrement assemblé au sol, a ensuite été suspendu depuis le sommet et arrimé à un axe central en béton… Une façon innovante d'éviter les mouvements de balancier dans les gratte-ciel et d'obtenir un espace intérieur libéré de toute colonne. Voilà pour l'ingéniosité ! Pour l'esthétique, à vous de voir…

Dame Street.

2 Temple Bar Square✦

Le quartier de Temple Bar a bien failli disparaître dans les années 1980. Refuge insalubre de squatteurs et d'artistes bohèmes en mal de mécènes, il devait céder sous la pelle des démolisseurs. Toutefois, le gouvernement a sorti de ses cartons un projet ambitieux de rénovation, encouragé par de nombreux artistes, dont les membres de U2, qui ont racheté le **Clarence Hotel** sur Wellington Quay (p. 62 et 68). Temple Bar Square, cette petite place ombragée de Temple Bar, est l'un des cœurs battants de Dublin. Et cela ne tient pas seulement aux terrasses des cafés, idéales pour un déjeuner au soleil – le **Bad Ass Café** (p. 64) est très bien –, ni à ses pubs musicaux, dont la clientèle déborde joyeusement sur le pavé. Dans le dédale de ruelles étroites de Temple Bar, c'est un lieu de rendez-vous éclectique où se croisent touristes, musiciens, artistes de rue, intellos goguenards de la Temple Bar Gallery, vieilles barbes férues de musique traditionnelle et hipsters.

3 Temple Bar Gallery and Studios✦✦

Il fallait une assez bonne dose d'optimisme, au début des années 1980, pour créer dans une ancienne usine textile au cœur d'un quartier abandonné une galerie d'art contemporain et une trentaine de studios d'artistes ! Quarante ans après, pari réussi : Temple Bar est devenu le hub culturel de la capitale ! La galerie présente chaque année une demi-douzaine d'expositions ou d'installations, souvent d'artistes irlandais.

5-9 Temple Bar • ☏ 671 0073 • www.templebargallery.com • Mar.-sam. 11h-18h • F. pdt la préparation des expos, infos sur le site.

4 Irish Film Institute✦✦

Même si vous ne comptez pas aller voir un film, ne manquez pas cette adresse. Le patio abrite une excellente cafétéria (p. 63). Les journaux gratuits et divers magazines y sont mis à votre disposition pour peaufiner votre programme et, si cela vous tente, vous pouvez acheter au

Pour une pause au pub : The Palace Bar

Tout droit sorti de l'Irlande victorienne, ce pub s'est construit une solide réputation au fil des siècles. Il fut un lieu de rendez-vous de l'intelligentsia dans les années 1940-1950, notamment grâce à sa proximité avec les locaux de l'*Irish Times*. Rien ou presque n'a changé dans le décor, depuis 1823, et l'on se délecte des vitraux et des étonnantes cloisons de bois et de miroirs qui segmentent le long comptoir. Le Palace peut aussi s'enorgueillir de disposer de son propre whiskey, créé en collaboration avec la Cooley Distillery.

15 Plan I6 • 21 Fleet Street • ☏ 671 7388 • www.thepalacebardublin.com • Lun.-jeu. 10h30-23h30, ven.-sam. 10h30-0h30, dim. 12h-23h.

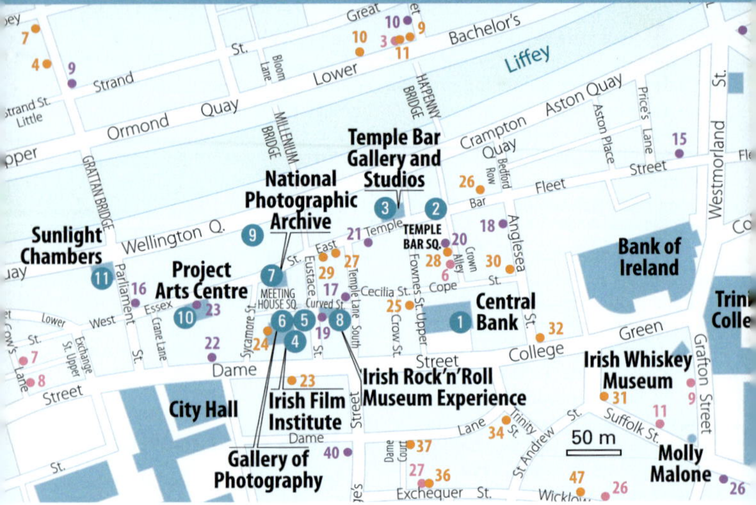

kiosque les plus célèbres films irlandais, de *The Quiet Man* à *The Commitments* ou *Waking Ned* (*Vieilles Canailles*).

6 Eustace Street • ☎679 5744 • www.ifie.ie
Cinéma : ***t.l.j. 12h30-21h (dern. film à 21h).***
Restaurant : ***t.l.j. 12h-21h30.***

5 The Ark✦

Tout comme l'Irish Film Institute voisin, l'Ark est installé dans un ancien temple presbytérien. C'est aujourd'hui un centre culturel dédié aux enfants, qui propose de les familiariser avec l'art. Expositions, ateliers créatifs et spectacles à hauteur d'un jeune public sont proposés régulièrement. Ne manquez pas, à l'arrière du bâtiment, l'arche de cuivre signée par l'architecte espagnol Santiago Calatrava, qui entoure la scène où se déroulent de multiples activités aux beaux jours (www.templebar.ie).

11A Eustace Street • ☎670 7788
• http://ark.ie • Voir calendrier événements sur le site Internet.

6 Gallery of Photography✦✦

Le rez-de-chaussée propose des livres de photos superbes et rares, des cartes postales originales et des affiches. Les étages sont consacrés aux expositions en collaboration avec l'Arts Council. Si les photographes internationaux sont bien représentés, c'est surtout l'occasion de découvrir la photographie

Temple Bar Square

contemporaine d'Irlande, sur des thèmes de qualité.

Meeting House Square • ☎ 671 4654 • www.galleryofphotography.ie • Mar.-sam. 11h-17h • Accès libre.

7 National Photographic Archive✦

Des expositions tournantes puisent dans le fonds de la Bibliothèque nationale de plus de 600 000 dessins et photographies, sur tous les thèmes de l'histoire du pays. Ces archives sont accessibles au public au moyen de microfilms ou sur leur catalogue en ligne (www.catalogue.nli.ie), pratiques pour une recherche particulière. Vous pouvez aussi commander (renseignements et tarifs sur place).

Meeting House Square • ☎ 603 0200 • www.nli.ie • T.l.j. 10h-16h (dern. entrée à 15h30) • Accès libre.

Pour une pause home made : The Porter House

Quel culot ! Au pays de la Guinness, The Porter House fut le premier bar dublinois à tenter l'aventure de la microbrasserie. Depuis, d'autres structures ont vu le jour, mais l'établissement pionnier garde ses habitués grâce à sa dizaine de créations, allant de la rafraîchissante Nitro Red Irish Ale à la ronde et sombre Porterhouse Irish Stout.

16 plan G7 • *16-18 Parliament Street • ☎ 679 8847 • www.porterhousebrewco.ie • Lun.-jeu. 14h-minuit, ven.-sam. 13h-1h30, dim. 13h-23h30 • Bière : env. 6 € ; dégustation de 3 bières : 7,50 €.*

8 Irish Rock'n'Roll Museum Experience✦✦

Ce musée, inauguré en 2015, réalise le rêve de nombreux passionnés de musique : offrir un ticket backstage permettant de voir l'envers du décor des concerts, les étapes derrière la réalisation d'un album, etc. Comme une promesse de se sentir un peu rock star, le temps de quelques minutes, d'en apprendre plus sur les grands noms de la scène irlandaise – U2, Van Morrison, The Undertones, Snow Patrol – et de redécouvrir l'histoire du rock par des anecdotes, comme celle du pyjama échangé entre Michael Jackson et Paddy Dunnin, patron de studio à l'origine du projet.

Curved Street • ☏ 635 1993 • www.irishrocknrollmuseum.com • T.l.j. 11h-17h30 • Entrée : 16,50 €.

9 The Clarence Hotel✦

Avant d'être un boutique-hôtel grand luxe, l'établissement était un 2-étoiles un peu miteux. Comme de nombreux « petits groupes », les membres de U2 avaient l'habitude de passer leur entracte dans l'hôtel, quand ils jouaient en face, au Project, salle ne disposant ni de bar… ni de toilettes. Quand l'hôtel fut mis en vente dans les années 1990, Bono et The Edge se portèrent acquéreurs et métamorphosèrent le lieu. Nombreux sont les fans qui se pressent au bar de l'hôtel (voir aussi p. 68), The Curious Mister, en espérant les croiser. Une bonne

Temple Lane

date pour y parvenir : le 10 mai, date de l'anniversaire de Bono.

6-8 Wellington Quay • 407 0800 • www.theclarence.ie • The Curious Mister : dim.-jeu. 17h-23h30, ven.-sam. 17h-1h.

10 Project Arts Centre✦

Lieu qui confirme la vocation culturelle du quartier de Temple Bar, le Project Arts Centre soutient toutes les formes d'art contemporain à travers une programmation très riche et éclectique dans ses deux salles de spectacle et sa galerie : danse, théâtre, arts visuels, musique jazz, populaire ou électronique, peinture, sculpture, installations et performances. Le centre accueille aussi bien les jeunes talents que les artistes confirmés. Procurez-vous le programme à l'accueil.

39 Essex Street East • 881 9613 • www.projectartscentre.ie • Résa par mail (box-office@projectartscentre.ie) ou par tél. : lun.-sam. 11h-19h.

11 Sunlight Chambers✦

Au bord du quai, la façade d'un bâtiment se détache en raison de ses fenêtres de style néoroman et à cause de ses frises en relief et en couleurs de style Art nouveau. L'édifice fut érigé au début du XXe s. par les frères Lever, les fabricants du fameux savon Sunlight. La frise raconte justement l'histoire de la fabrication de ce savon et son rôle dans l'hygiène élémentaire. Levez la tête pour déchiffrer cette bande dessinée éducative, en quelque sorte !

À l'angle d'Essex Quay et de Parliament St.

Restos | Bars | Hôtels | Shopping | Activités

Restos Bistrots

Umi Falafel

Falafels 23 Plan H7

Taboulé, falafels, sandwichs, houmous… pour le prix d'un fast-food, c'est un aller-retour au Moyen-Orient qui vous attend. Le persil est fraîchement ciselé, la recette des sauces fait partie des secrets de famille et les falafels sont préparés quotidiennement. En arabe, *umi* signifie « maman ». Pas étonnant, donc, qu'on se sente chouchouté malgré le concept de restauration rapide.

13 Dame Street • 670 6866 • www.umifalafel.ie • T.l.j. 12h-22h • Plat : env. 6 €.

Irish Film Institute

Bistrot 24 Plan H7

Outre un cinéma, l'Irish Film Institute comporte également une sympathique cafétéria, à mi-chemin entre le pub et le restaurant. L'adresse est l'un de nos rendez-vous préférés pour son patio abrité sous une verrière, pour son atmosphère tranquille ainsi que pour ses tables de bistrot où se poser pour déguster des plats appétissants et bon marché, comme un *fish and chips*, un curry vert thaï ou des burgers. Tous ces plats peuvent s'accompagner d'une Guinness pression.

6 Eustace Street • ☏679 5744 • www.ifi.ie • Restaurant : t.l.j. 12h-21h30 • Bar : t.l.j. 10h-23h30 • Plat : env. 15 €.

The Seafood Cafe

Fruits de mer 25 Plan H7

Un comptoir à fruits de mer a jeté l'ancre dans les ressacs du tumultueux quartier de la fête. En direct de Flaggy Shore, de Galway Bay ou de Waterford, la pêche se consomme en plateaux, *lobster rolls* et autres toasts au crabe. De 17h à 18h, c'est l'Oyster Happy Hour : toutes les huîtres sont à 1,50 € ! Envie d'une association détonante ? Tentez le *pairing* avec un verre de Guinness.

Unit 11, Sprangers Yard, Fownes Street Upper • ☏515 3717 • www.klaw.ie • Lun.-jeu. 12h-21h, ven.-sam. 12h-21h30, dim. 12h-20h.

Gallagher's Boxty House

Irlandais 26 Plan H6

Bien que très touristique, ce restaurant de Temple Bar est la meilleure option pour les gros appétits désireux de se frotter à la gastronomie irlandaise : *Irish stew* (ragoût irlandais), *seafood chowder* (soupe de poisson avec morceaux)… tous les grands classiques sont là pour votre plus grand plaisir. Tentez la *boxty pancake*, une délicieuse galette de pomme de terre nappée de sauce. Le tout dans l'atmosphère d'un pub traditionnel.

20-21 Temple Bar • ☏677 2762 • www.boxtyhouse.ie • T.l.j. 10h-22h • **Early Bird Menu** ***(jusqu'à 18h) : 22 € (2 plats);*** **Irish stew** ***: 20 €; soupe : 10 €;*** **boxty pancake** ***: env. 20 €.***

Brick Alley Cafe

Sur le pouce 27 Plan H6-7

Dans ce petit café, on partage de grandes tables en bois pour savourer un chocolat chaud crémeux ou un café fraîchement torréfié accompagné d'une part de gâteau, de scones ou de muffins. Pour les petits creux, vous aurez le choix entre sandwichs, plats de lasagnes, *Irish stew*, soupes maison, jus de fruits naturels, glaces maison et petit déjeuner traditionnel. Le lieu a véritablement tout pour plaire !

25 Essex Street • ☏679 3393 • Facebook : Brick Alley Cafe • T.l.j. 9h-22h (23h sam.) • Petit déj. traditionnel : 8 €.

Bad Ass Café

Sur le pouce 28 Plan H6-7

En plein cœur de Temple Bar, ce restaurant est une véritable institution pour les étudiants, les petits budgets et les familles.

La cuisine est principalement constituée de burgers, de pizzas, de salades et de pâtes ; également toutes sortes de menus à thème : mexicain, italien, cow-boy, etc. On y rencontre toujours beaucoup d'artistes et de musiciens qui jouent pendant que vous profitez des plats concoctés par Kumara Perera, un chef à la fois talentueux et expérimenté.

9-11 Crown Alley • ☎ 675 3005 • http://badassdublin.com • Lun.-jeu. 12h-minuit (1h jeu.), ven. 12h-1h30, sam. 9h-1h30, dim. 9h-12h • Plats : 6-25 €.

The Shack Restaurant

Irlandais 29 Plan H7

Dans l'ambiance énergique et tapageuse de Temple Bar, ce restaurant est un refuge idéal. Avec ses boiseries sombres, piquées d'aquarelles, d'huiles et de photographies, de livres et d'antique vaisselle irlandaise, The Shack Restaurant est une cabane *(shack)* plutôt élégante, offrant la chaleur et la cuisine traditionnelle d'un pub dans une ambiance plus… sereine. On y vient en famille déguster les grands classiques de la cuisine irlandaise, dont l'excellent *lamb shank* (souris d'agneau) ou l'*Irish stew*. Sinon, laissez-vous tenter par leur ragoût de bœuf origine Irlande, il ne vous laissera pas indifférent.

24 East Essex Street • ☎ 679 0043 • www.shackrestaurant.ie • T.l.j. 12h-23h (22h oct.-fév.) • Menu (midi) : 12 € ; plats à la carte : 15-20 €.

The Mongolian Barbeque

Mongol 30 Plan H7

Vivez une expérience unique à Dublin, dans un restaurant au sein duquel vous pourrez jouer au chef cuistot en composant votre propre plat à base de légumes frais, de viande, de poisson cru ou de tofu, en fonction de vos envies. Agrémenté de sauce et de diverses épices, l'ensemble est cuit sur une grande plaque chauffante. Pour finir, votre petite trouvaille culinaire s'accompagne d'un bol de riz. Pas la peine de se priver, le buffet est à volonté !

The Shack Restaurant

7 Anglesea Street • ☎ 670 4154 • https://mongolianbbq.ie • T.l.j. 12h-22h • Buffet à volonté : 15 € (déjeuner) et 19 € (dîner).

Bars, clubs Sorties

The Button Factory

Théâtre et concert 17 Plan H7

La salle de concerts hype de Dublin surgit en plein cœur de Temple Bar. Des concerts de styles très différents y sont programmés (rock, metal, électro, pop, musique traditionnelle) et des DJs y concoctent des soirées à thème. Vous pourrez acheter vos tickets à l'avance chez le disquaire voisin. Ne manquez pas le Wall of Fame, à l'extérieur du centre, un mur où sont affichées les photos des plus grands artistes irlandais.

Curved Street • ☎ 670 9105 et ☎ 598 4808 (résa) • www.buttonfactory.ie • Lun.-jeu. 19h30-23h30, ven.-dim. 19h30-2h30 • Entrée : 10-30 €.

The Auld Dubliner

Pub traditionnel 18 Plan H6

C'est ici que l'on prend l'apéritif si on ne craint pas la foule, toujours dense et animée. Décor sympathique, possibilité de déjeuner (*pub food* bon marché). Concerts tous les jours à partir de 15h30. Évidemment très touristique.

24-25 Temple Bar • ☎ 677 0527 • www.aulddubliner.ie • Lun.-mar. 10h-23h30, mer.-sam. 10h-2h30, dim. 12h30-23h • Pinte de Guinness : 7 €.

Mother Club

Électro-disco 19 Plan H7

À l'origine, il était surtout question de financer le magazine *GCN (Gay Community News)* en organisant des soirées animées. Le succès fut tel que Mother Club s'est fait un nom dans le milieu musical irlandais, au point de devenir un lieu de passage obligatoire pour de nombreuses stars de la musique. Chaque samedi, le public se déhanche sur de l'électro, du disco et de la synthpop. Le lieu est 100 % *straight-friendly*.

Lost Lane, 1-2 Adam Court, Grafton Street • Instagram : @motherdublin • Sam. 23h-3h30 • Entrée : 10 €.

Vintage Cocktail Club

Bar à cocktails 20 Plan H6

Le passant attentif remarquera un curieux ballet devant cette façade noire assez banale. De petits groupes d'humeur festive sonnent, puis disparaissent derrière la porte sur laquelle ne figure qu'un discret sticker « VCC ». Faisant revivre l'époque de la prohibition et des bars dissimulés, le Vintage Cocktail Club anime les nuits dublinoises avec sa carte de cocktails (env. 12 €) qui se veut « historique ». Dans la section XVe-XVIIe s., on trouve des mélanges à base d'absinthe, tandis que la première partie du XIXe s. propulse les mixtures mêlant par exemple gin, rhubarbe, vanille et soda.

15 Crown Alley • ☎ 675 3547 • www.vintagecocktailclub.com • T.l.j. 17h-1h.

The Temple Bar

The Temple Bar

Pub traditionnel 21 Plan H6

Il est l'un des pubs les plus fréquentés de la capitale, envahi à toute heure par une clientèle bigarrée, un mélange comme seul Dublin sait en faire, composé de fashion victims, de provocateurs et de vieux Dublinois. Tout ce monde déborde sur la rue aux beaux jours et squatte les trottoirs. Le pub a la plus belle carte de whiskeys imaginable (plus de 200) et, à l'arrière, se trouve un *beer garden,* sorte de petite cour prise d'assaut par les fumeurs.

47-48 Temple Bar • ☎672 5286 • www.thetemplebarpub.com • Lun.-sam. 10h30-2h30, dim. 12h-1h.

3Olympia Theatre

Théâtre et concert 22 Plan H7

Programmation variée d'un genre similaire à celle du Gaiety Theatre (p. 102). Beaucoup de spectacles de variété, des stars irlandaises ou internationales. Il y a un bar à chacun des trois niveaux. L'un des meilleurs rendez-vous de la ville.

72 Dame Street • ☎672 5883 et ☎679 3323 (résa) • www.3olympia.ie • Lun.-sam. 12h-17h (plus tard les soirs de spectacle) • Place : à partir de 20 €.

Project Arts Centre

Spectacles 23 Plan H7

Le Project Arts Centre présente le meilleur de la danse, des arts visuels et du théâtre contemporain. En septembre, c'est aussi le lieu principal du Fringe Festival (théâtre, musique, cirque) et, en octobre, du Dublin Theatre Festival. À l'affiche : des pièces de Shakespeare rarement montées, des pièces avant-gardistes, et même du cirque théâtral aérien !

39 East Essex Street • ☎881 9613 • www.projectartscentre.ie • Lun.-sam. 11h-18h (début des spectacles à 19h30) • Résa sur place, sur le site Internet ou par tél. • Place : gratuit-30 €.

Hôtels B&B

The Morgan Hotel

Chic minimaliste Plan I6

Ambiance chic au cœur de Temple Bar, le Morgan Hotel privilégie le design contemporain. Cultivant confort et élégance, les 168 chambres personnalisées s'imprègnent de minimalisme, baignées de blanc et de lignes épurées. Si vous souhaitez vous offrir la luxueuse Aston Suite *(penthouse)*, comptez entre 140 et 230 €.

10-12 Fleet Street • ☎643 7000 • www.themorgan.com • De 100 à 190 €.

The Clarence Hotel

Sélect Plan H6

Racheté par le groupe U2 et décoré dans un style contemporain de marbre, de bois et de cuir, cet hôtel de 58 chambres, dont certaines ont été rénovées en 2020, est l'endroit le plus sélect de Dublin. Les chambres sont meublées de chêne blond et de cuir, avec de merveilleuses couettes couvertes de lin blanc sur les lits.

6-8 Wellington Quay • ☎407 0800 • www.theclarence.ie • De 159 à 270 €.

Shopping Cadeaux

Tamp & Stitch

Mode femme 5 Plan G7

Tamp & Stitch propose des créateurs triés sur le volet. *Tamp*, « tasser », c'est pour le percolateur qui trône au centre de la boutique. *Stitch*, c'est pour le « point », celui que l'on fait en couture. Ici, on mélange les genres : boutique-café ou café-boutique. Ils vendent de charmants tee-shirts unisexes imprimés à la main, des vêtements de créateurs indépendants, des bijoux DakiDaki Design et des lunettes de soleil vintage de luxe (Yves Saint Laurent, Balenciaga).

Unit 3, Scarlet Row, Essex Street West • ☎515 4705 • Facebook : Tamp and Stitch • Lun.-ven. 10h-18h (19h jeu.), sam. 11h-18h, dim. 13h-17h.

The Clarence Hotel

Les marchés de Temple Bar

Cow's Lane Market : le plus branché des marchés consacrés à la mode et au design, avec des pièces uniques de jeunes créateurs : tenues de soirée, lingerie, bijoux, fringues rétro et accessoires *(Plan G7 • Sam. 10h-17h).*

Temple Bar Food Market, Meeting House Square : véritable institution à Dublin, ce petit marché très sympathique réunit le meilleur des petits producteurs, artisans et cultivateurs irlandais. Une excellente pause gourmande *(Plan H7 • Sam. 10h-16h30).*

Book Market : les amoureux des livres fouineront ici avec plaisir. Les grands classiques de la littérature se frottent aux romans les plus récents *(Temple Bar Square • Plan H6 • Sam.-dim. 11h-18h).*

Jam Art Factory

Art — 6 Plan H7

La Jam Art Factory met en avant des illustrateurs et artistes irlandais dans cette petite boutique très sympathique à deux pas de Temple Bar Square. On y déniche des cartes postales, des illustrations de sites dublinois iconiques et même des pièces par des artistes de rue irlandais renommés. La sélection d'objets pour la maison propose de chouettes souvenirs (mugs, torchons, décorations de Noël).

14A Crown Alley • ✆616 5671 • www.jamartfactory.com • T.l.j. 10h-18h.

Claire Garvey

Mode femme — 7 Plan G7

Forte de plus d'une dizaine d'années d'expérience dans la couture et dans la création de robes de mariée, cette styliste irlandaise cultive une mode intemporelle mêlant habilement le style 1900, la mode des années 1980, les robes Empire et la tradition médiévale irlandaise. Fidèle aux vieux tissus et sensible aux influences russes et gitanes, c'est avec une grande finesse qu'elle joue sur les ornements faits de perles, de broderies et de tulle. Des robes originales à mille lieues des matières microfibres de la mode contemporaine !

6 Cow's Lane • ✆671 7287 • www.clairegarvey.com • Mar.-mer. et ven.-sam. 10h30-17h30 • Robes : à partir de 289 €.

Find

Maison et déco — 8 Plan G7

Dans le genre bric-à-brac d'objets vintage pour la maison, c'est notre petit préféré : plateaux à gâteaux, vaisselle fleurie, trophée de cerf, céramiques kitsch, fioles d'apothicaire, chaise 1900, vieille mappemonde, table à café sixties. Une collection éclectique et très *British* glanée dans toutes les îles Britanniques.

Unit 1, Saul's Court, Cow's Lane • ✆679 9790 • www.findonline.ie • Jeu.-sam. 11h30-16h (17h sam.), dim. 14h-16h ou sur r.-v.

SAVEURS MADE IN IRELAND

L'Irlande, avec son climat et sa pratique agricole, fournit des matières premières de grande qualité. Des traditions culinaires bien ancrées et une envie des nouvelles générations de relancer le savoir-faire des productions artisanales au top de la saveur font de l'Irlande un pays qui propose plusieurs types de spécialités à mettre dans ses valises.

Guinness Storehouse

Vous ne trouverez nulle part ailleurs qu'ici certaines cuvées spéciales qui ne sont pas exportées.

Voir p. 132, quartier 8.

Wall & Keogh

Cherchez le mélange de thé le plus adapté pour accompagner vos *Irish breakfasts* maison.

Voir p. 104, quartier 6.

Teeling Whiskey Co.

Teeling fait renaître la tradition des distilleries en plein centre de Dublin. Outre les whiskeys, on peut opter pour une bouteille de *spirit*, parfait avec un tonic.

Voir p. 131, quartier 8.

Temple Bar Food Market de House Square

Les foodies se délecteront dans les allées de ce *farmer market* qui propose une montagne de délicats produits insulaires.

Voir p. 69, quartier 4.

Sheridans Cheesemongers

Une boutique créée par de véritables fondus de fromages irlandais. Des découvertes à accompagner des géniaux *bread crackers for cheese* de la maison.

Voir p. 108, quartier 6.

Teeling Whiskey Co.

LES MEILLEURS PUBS DE LA VILLE

Le pub est un peu le passage obligé de toute sortie festive à Dublin. Certains résonnent des voix de plusieurs générations de Dublinois et cultivent leur atmosphère figée dans le temps, d'autres au contraire s'évertuent à se renouveler. Tous ceux qui suivent sont riches de la mousse onctueuse de leurs Guinness et du cliquetis des verres qui s'entrechoquent, avec des habitués toujours prêts à trinquer et à entamer la discussion.

The Palace Bar

The Merry Cobbler

Les amateurs d'authenticité trouveront chaussure à leur pied dans cette maison à la déco inspirée par la cordonnerie.

Voir p. 158, quartier 12.

The Palace Bar

Rien n'a changé depuis l'époque victorienne dans ce pub à la décoration hors du temps et raffinée.

Voir p. 59, quartier 4.

The Auld Dubliner

Au cœur de Temple Bar, une adresse appréciée des Dublinois qui viennent savourer des pintes.

Voir p. 66, quartier 4.

J.W. Sweetman

Un cadre traditionnel et historique qui se distingue des autres adresses en brassant ses propres bières.

Voir p. 81, quartier 5.

PLAISIRS DE PUBS

Il est impensable de visiter Dublin sans faire étape dans l'un de ses innombrables pubs. Noyau de la vie sociale, c'est ici que bat le cœur de la capitale et que s'exprime la culture populaire. De pub en pub, vous goûterez au vrai Dublin et à la saveur de ses habitants, surtout le soir quand les lieux s'échauffent au son de la musique, des airs repris en chœur et des tintements de pintes. Bien sûr, faites attention à ce que vous consommez, faute de quoi, vous finirez en rampant, comme l'expression consacrée, *pub crawl,* le sous-entend...

Le paradis au coin de la rue

Diminutif de ***public house***, le pub est en Irlande un mode de vie. Longtemps fréquenté presque exclusivement par les hommes, c'était un lieu où retrouver ses amis et surtout un endroit où discuter. Aujourd'hui, on s'y donne rendez-vous entre amis, après le travail ou pour la soirée, et on y discute de presque tout. Dublin compte à lui seul plus de 1 000 pubs, et il y en a pour tous les goûts : pubs historiques ou littéraires, pubs traditionnels ou modernes, chics et branchés, etc. Évitez toutefois les pubs à l'européenne, impersonnels et très fréquentés par les touristes ; vous les reconnaîtrez à leur carte multilingue et à l'absence de Dublinois installés au comptoir.

La musique et le *craic*

Outre sa fonction conviviale, le pub est un loisir à part entière. On s'y retrouve pour faire de la musique, chanter, rire, discuter... C'est ce que les Irlandais nomment le ***craic***, qui signifie « se détendre en s'amusant ». Les pubs musicaux ne sont pas la règle absolue. Ceux qui accueillent des musiciens le font certains soirs de la semaine, et les styles de musique peuvent varier considérablement, du folk au rock, en passant par le traditionnel.

Boiseries et miroirs

À Dublin, les pubs font partie du patrimoine. Certains d'entre eux

Un dernier verre

En fin de soirée, juste avant l'heure limite du service (23h ou 23h30 selon la saison), le barman crie : *Last orders, please!* Vous êtes alors invité à commander votre dernière boisson, mais rien ne vous empêche d'en commander plusieurs à la fois pour faire durer le plaisir, car le pub ferme toujours plus tard (seul l'horaire de service est régi par la loi...). Avis aux couche-tard : certains pubs qualifiés de *late bars* prolongent désormais l'ambiance jusqu'à 1h30 ou 2h.

sont vieux de plusieurs siècles, mais même les plus récents ont gardé la patine des années, jaune nicotine et suie de tourbe, souvenir des anciennes cheminées. Les plus beaux sont tapissés de bois sombre, chêne ou acajou. Parfois, de petits compartiments cloisonnés qualifiés de ***snugs*** préservent l'intimité. Comptoirs de marbre, vitraux colorés de style victorien et, surtout, miroirs gravés font très souvent partie du décor. Ces derniers, très nombreux, servaient de support aux publicités pour les marques d'alcool. En principe, le pub est un havre de tranquillité et la morale veut que l'on ne soit pas vu de la rue quand on boit. Les devantures sont donc souvent en verre dépoli ou occultées par des étagères.

Pub étiquette

Le savoir-vivre dans un pub tient à peu de chose. Le bar contient un comptoir bordé de tabourets et un ***lounge*** pour ceux qui veulent s'asseoir. N'attendez pas que le serveur vienne prendre votre commande. Il faut la passer au bar et la payer aussitôt. Ne vous fatiguez pas à attirer l'attention du barman : il sert les gens strictement dans l'ordre d'arrivée et a un œil bien entraîné. Pour une pinte, demandez ***a pint,*** pour une demi-pinte, ***a glass*** ou ***half a pint.*** Les buveurs sérieux ne commandent jamais de demi-pinte, car deux demis sont nettement plus chers qu'une pinte. La blonde se dit ***lager.*** Pour la brune, précisez si vous voulez une Guinness ou une Murphy's. L'authentique pub dublinois est plutôt un endroit où l'on vient discuter : il est calme et feutré, et l'on s'y livre à tous les plaisirs des mots. La plupart des écrivains ont laissé leur souvenir dans leurs pubs favoris. ■

Le *pub crawl*...

Traduit littéralement par « se traîner de pub en pub », le *pub crawl* est un véritable sport national. Généralement, on prévoit son itinéraire dans un ou plusieurs quartiers, et on évite de boire au point d'en perdre le sens de l'orientation. Ceux qui cherchent des prétextes plus intellos peuvent organiser leur parcours en fonction des pubs littéraires (p. 175) ; et d'autres, des pubs musicaux, comme le Cobblestone (p. 149).

DU CÔTÉ DE TRINITY COLLEGE

5

Une université fameuse, un Parlement devenu Banque nationale, l'un des plus célèbres manuscrits enluminés du Moyen Âge ou encore les expos géniales d'une galerie scientifique... le cœur battant de Dublin est un quartier aux plaisirs variés. C'est aussi le centre de l'artisanat traditionnel : tweeds rêches, poteries rustiques ou créations minimalistes de designers...

Trinity College

1 Trinity College✦✦✦

La plus ancienne université d'Irlande fut fondée en 1592 par Élisabeth Ire d'Angleterre. Inspirée d'Oxford et de Cambridge, elle fut longtemps réservée aux protestants et devint le symbole de la domination des Anglais. Catholiques et dissidents durent attendre 1873 pour être admis et pouvoir prétendre aux mêmes bourses que les protestants. Les femmes furent en revanche les bienvenues dès 1903, témoignage d'une certaine modernité.

Une architecture disparate

Le campus s'étend aujourd'hui sur 190 000 m^2. Une fois passée l'entrée principale donnant sur Parliament Square et son campanile, trois cours intérieures pavées et les pelouses, dérobées aux bruits de la ville, s'offrent à vous. L'ensemble du bâti, répondant plus à des contraintes de fonctionnalité que d'esthétique, est assez disparate. Directement à votre gauche se dresse la chapelle de l'université, érigée en 1789. Les plus anciens bâtiments, en briques rouges et surnommés « rubics », se situent le long de Library Square. Dans New Square, jetez un œil aux frises sculptées d'inspiration botanique.

Dans les pas d'un étudiant

Les écrivains irlandais les plus célèbres, comme Jonathan Swift, Samuel Beckett, Oscar Wilde ou Bram Stoker, passèrent en ces murs. Ce fut également le cas de l'homme politique Edmund Burke, de Michael O'Leary, CEO de Ryanair, ou encore de Mary Robinson, première femme présidente du pays. L'université est toujours en activité, et ce sont les étudiants qui se relaient pour animer des visites guidées riches en anecdotes apportant un vrai supplément d'âme à cette visite.

College Green • ☏896 2320 • www.tcd.ie • Mai-sept. : t.l.j. 9h30-16h30; oct.-avr. : lun.-sam. 9h30-17h, dim. 12h-16h30 • Entrée libre sur le campus; visite : 15 € (billet combiné avec le Book of Kells *: 27 €).*

2 Book of Kells & Old Library+++

Joyau du Trinity College, le *Book of Kells* est préservé dans l'Old Library. La visite démarre par une exposition expliquant les subtilités de l'art de l'enluminure et replaçant les manuscrits de la bibliothèque dans un cadre historique. On y découvre les étapes de fabrication du livre, le travail des copistes et les techniques d'ornementation au Moyen Âge.

Book of Kells

À l'intérieur du trésor, le fameux livre est une copie, en latin, des quatre Évangiles. Il est surtout célèbre pour sa riche ornementation. Les 680 pages qui le composent sont peuplées de dessins de personnages et d'animaux, réalisés au IXe s. par les moines de l'île écossaise d'Iona. Ces derniers s'exilèrent en 806 à Kells, une localité du comté de Meath, au nord de Dublin, pour fuir les Vikings. Le *Book of Kells* fait partie de la collection du Trinity College

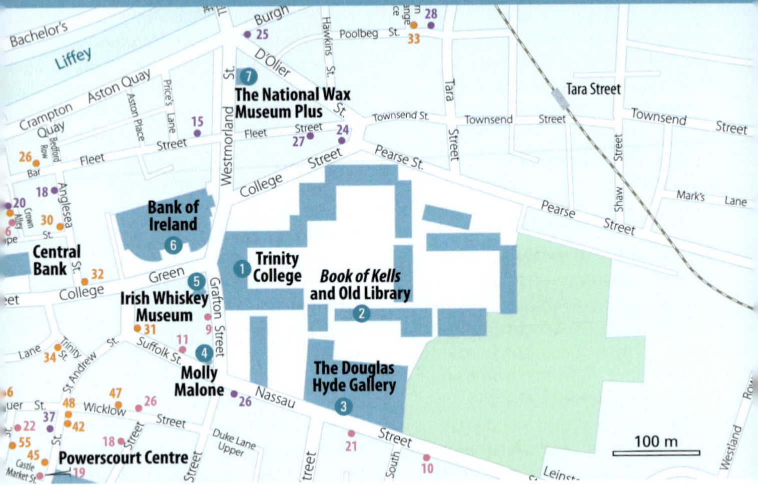

depuis 1661. Ne boudez pas les voisins de ce chef-d'œuvre, notamment le *Livre de Munning*. Petit format du VIIIe s., ce superbe évangéliaire enluminé fut créé pour un moine missionnaire.

Long Room

À l'étage supérieur, la Long Room s'étend sur 60 m. Tunnel tout en longueur, elle recèle plus de 150 000 ouvrages triés en fonction de leur taille et donnant l'impression de soutenir à eux seuls une élégante voûte en berceau. La galerie est bordée de bustes en marbre d'étudiants célèbres, tel Jonathan Swift, et de trois des quatre Prix Nobel de littérature : Yeats, Shaw et Beckett. Une affiche de la proclamation de la république d'Irlande en 1916 (moins d'une dizaine existent encore, sur un tirage de 2 500) est exposée, ainsi que la harpe la plus ancienne d'Irlande (probablement du XVe s.).

Trinity College, Fellow's Square • ☏896 2308 • Mai-sept. : t.l.j. 9h30-16h30; oct.-avr. : lun.-sam. 9h30-17h, dim. 12h-16h30 • Résa recommandée • Entrée : 18 € (audioguide inclus); billet combiné avec le Trinity College : 27 €.

3 The Douglas Hyde Gallery⁺⁺

Si les enluminures du *Book of Kells* vous laissent de marbre, cherchez l'émotion du côté de cette galerie d'art contemporain créée en 1978 au sein du Trinity College. Au programme : des expositions de peintures et de sculptures, mais également des installations et des vidéos d'artistes émergents ou reconnus, d'Irlande (Gerard

Byrne, Kathy Prendergast et Eva Rothschild) et d'ailleurs ! On a pu y voir les installations d'Alice Rekab et les créations multisupport de Bassam Al-Sabah et Jennifer Mehigan. Des magazines d'art ainsi que des catalogues et de nombreuses publications de la galerie sont en vente sur place.

Trinity College (accès par Nassau Street)
• ☎ 896 1116 • www.thedouglashyde.ie
• Mer. et ven.-dim. 12h-17h, jeu. 12h-18h
• Accès libre.

4 Molly Malone✦

Personnage d'une chanson populaire écossaise, Molly Malone a trouvé une gloire inattendue de ce côté-ci de la mer d'Irlande. À tel point que The Dubliners, U2 et Sinéad O'Connor en ont enregistré leur version… En 1988, le maire de Dublin institua même une journée Molly Malone (le 13 juin), en même temps qu'il fit ériger cette statue ! Au-delà des querelles sur son identité, *The Tart With the Cart*, « la poule à la carriole », comme l'appellent les Dublinois, rappelle l'immense misère de la population, réduite à la mendicité.

Suffolk Street (en face du O'Neill's Pub).

5 Irish Whiskey Museum✦✦

Plusieurs distilleries ouvrent désormais leurs portes, mais ce nouveau musée offre l'avantage de n'être affilié à aucune marque. Il propose une intéressante plongée dans l'univers du whiskey avec un « e », celui qui est produit en Irlande. Création, prohibition,

Irish Whiskey Museum

Statue de Molly Malone

chute et récente renaissance, vous ressortirez incollable sur les grands moments de son histoire, les spécificités de sa fabrication ainsi que l'art subtil de la dégustation de ce véritable or liquide.

119 Grafton Street • ☏525 0970 • www.irishwhiskeymuseum.com • T.l.j. 10h30-18h (visites guidées ttes les 30min) • Visite guidée + dégustation : 20 €.

6 Bank of Ireland⁺⁺

Cette agence de la Banque d'Irlande fut le Parlement national jusqu'à sa dissolution en 1800 par l'Union Act. La façade sud, avec portique et galerie à colonnade, date de 1739. L'autre portique, côté est, fut ajouté en 1789 par James Gandon (Custom House, Four Courts) pour servir d'entrée à la Chambre des lords, qui a survécu. La Chambre des députés, elle, fut transformée en une magnifique salle des guichets au début du XIXᵉ s. Vous pourrez la visiter comme tout client de la banque.

Un rôle politique

L'édifice garde le souvenir du célèbre parlementaire Henry Grattan, ardent défenseur de l'indépendance nationale. Grâce à ses talents d'orateur, il obtint l'autonomie du Parlement en 1782. Une statue le représentant a été installée en 1879 devant la façade de College Green. Toutefois, cette indépendance fut de courte durée : l'Acte d'union avec l'Angleterre mit un terme à l'existence du Parlement, qui, après sa dissolution, fut directement rattaché à Londres en 1800. La Banque nationale d'Irlande se porta acquéreur de l'édifice en 1803 et y ouvrit ses portes en 1808.

La Chambre des lords

C'est la seule partie du Parlement à n'avoir pas été modifiée par la banque. L'accès est libre aux heures d'ouverture de la banque. Des boiseries ainsi que le plafond à caissons mettent en valeur cette salle richement décorée. Des tapisseries retraçant la bataille de la Boyne (p. 57) et le siège de Londonderry sont exposées. Le portique, ajouté en 1785, est l'œuvre de James Gandon. Le lustre de 1788, composé de 1 233 pièces, est sans aucun doute la pièce la plus somptueuse de toute la salle.

2 College Green • ☎ 677 6801 • www.bankofireland.com • Dim.-mer. 10h-16h, jeu. 10h-17h • Visite guidée mar. à 10h30, 11h30 et 13h45 • Accès libre.

7 The National Wax Museum Plus⁺⁺

Un selfie avec Oscar Wilde, la famille Simpson ou Hannibal Lecter, ça vous tente ? Ce musée de cire mêle icônes de la pop culture et témoignages du passé de la ville et du pays. Des salles mettent en avant les Irlandais qui se sont démarqués dans leurs travaux scientifiques ou leurs œuvres, tandis qu'un long couloir permet de remonter le temps en compagnie de Dublinois de différentes époques. Les visiteurs plus téméraires s'aventureront dans la portion aux allures de maison des horreurs, un brin effrayante.

22-25 Westmoreland Street • ☎ 671 8373 • www.waxmuseumplus.ie • T.l.j. 10h-19h (dern. entrée à 18h) • Entrée : 16,50 €.

Pour une pause pub grub : O'Neill's

Ce pub très populaire est le point de rencontre du monde de la finance et des étudiants. Vous pourrez goûter la fameuse *pub grub*. L'intérieur compte trois bars séparés : un bar principal, un bar à whiskeys et un *beer garden*. Cette adresse peut être bruyante et souvent bondée, mais elle reflète le dynamisme éclectique de la ville. Musique live à partir de 21h (dim.), 21h30 (lun.-jeu.) ou 22h (ven.-sam.).

31 plan I7 • *2 Suffolk Street • ☎ 679 3656 • www.oneillspubdublin.com • Lun.-jeu. 8h-23h30, ven.-sam. 8h-0h30, dim. 8h-23h.*

Restos Bistrots

The Bank on College Green

Irlandais 32 Plan H7

Le siège de l'ancienne Belfast Bank a gardé le charme et l'ostentatoire richesse de l'époque victorienne. Orientée sur la production locale, la carte « de la ferme à la table » se renouvelle au fil des saisons, mais il est tentant de foncer sur les classiques, comme l'*Irish angus sirloin steak* (faux-filet maturé 28 jours) ou le *fish and chips*. Célébrant l'histoire du pays jusque dans ses dessous-de-plat ornés de paysages irlandais, l'établissement a aussi gardé les anciens coffres de la banque au sous-sol.

20-22 College Green • 677 0677 • www.bankoncollegegreen.com • Lun.-mer. 11h-0h30, jeu.-sam. 11h-1h30, dim. 11h-minuit • Plats : 18-30 €.

The Vintage Kitchen

Cuisine du marché 33 Plan I6

Une équipe de passionnés, des ingrédients locaux, un local cosy, le restaurant cuisine les produits du marché avec une touche de convivialité et d'originalité. Adepte de la « BYOW policy », permettant d'apporter son propre vin sans payer de droit de bouchon lorsque vous commandez un menu, la bande du Vintage Kitchen encourage les clients à apporter leurs vinyles afin de les partager sur un tourne-disque années 1970.

7 Poolbeg Street • 679 8705 • www.thevintagekitchen.ie • Lun.-sam. 12h-14h30 et 17h30-22h • Plat midi : 13 €; menu soir : 36 € (3 services).

Pichet

Bistrot 34 Plan H7

Son néon rouge et ses auvents à rayures bleues et blanches tapent dans l'œil à l'angle de Trinity Street. Voici une brasserie élégante et un bar à cocktails d'inspiration française, avec un menu où les ingrédients irlandais, tels que les moules de la baie de Roaringwater ou l'agneau irlandais, sont mis en valeur. On se laisse tenter par un tartare de bœuf irlandais à la mayonnaise truffée ou un plat réconfortant d'*agnolotti* au comté.

14-15 Tritnity Street • 677 1060 • www.pichet.ie • Lun.-mar. 16h30-21h30, mer.-jeu. 12h-15h30 et 17h-21h30, sam. 12h-15h30 et 17h-22h • Menus midi : 26-42 €; plats (soir) : 27-34 €.

The Pig's Ear

Gastronomie 35 Plan D3

Derrière la jolie porte rose se trouve un restaurant sur 3 étages avec une vue imprenable sur le campus de Trinity College.

Chef et propriétaire, Stephen McAllister élabore des plats irlandais contemporains soignés. La carte comprend une multitude d'ingrédients locaux, comme du saumon bio irlandais, du fromage de chèvre de Galway ou encore une copieuse côte de bœuf irlandaise.

74 Nassau Street • ✆ 670 3865 • www.thepigsear.ie • Mar.-sam. 17h30-21h et 17h30-22h • Menus : 35-65 €.

Bars, clubs Sorties

Doyle's

Pub traditionnel 24 Plan I6

Ce pub traditionnel à la façade rouge flamboyant date de 1880. C'est un endroit chaleureux pour regarder un match ou assister à un concert de musique traditionnelle ou moderne. Bien que situé en plein centre et à proximité du quartier de Temple Bar, il est fréquenté par une clientèle locale qui apprécie la qualité de la pinte de Guinness.

9 College Green • ✆ 671 0616 • www.doylesintown.com • Dim.-mer. 12h-1h, jeu.-sam. 12h-2h30.

J.W. Sweetman

Bière artisanale 25 Plan I6

Au XVIIIe s. déjà, Sweetman était un nom qui comptait dans l'industrie brassicole du pays. La tradition se perdit, au profit de plus grosses compagnies, mais le pub l'a fait renaître il y a quelques années, en proposant à nouveau des bières artisanales, dont une Dublin Stout et une Irish Red Ale. L'établissement propose également des dégustations de whiskeys et des cocktails. Le week-end, des DJs et groupes de musique live viennent insuffler encore un peu plus d'animation au lieu.

1-2 Burgh Quay • ✆ 670 5777 • www.jwsweetman.ie • Lun.-jeu. 15h-23h30 (jeu. live jazz music), ven.-sam. 12h-1h, dim. 12h-23h • Dégustation : 15 € (3 whiskeys); cocktail : 12 €.

Tapped

Bières artisanales 26 Plan I7

Un bar moderne au look ultra-industriel situé juste à côté du campus universitaire de Trinity College, avec une clientèle plutôt jeune et trendy. La sélection de bières artisanales locales est impressionnante. On y sert aussi des cocktails classiques, tels que le Old Fashioned, le Whiskey Sour ou l'Espresso Martini à base de spiritueux faits à Dingle, dans le comté de Kerry.

47 Nassau Street • ✆ 679 9204 • www.tappeddublin.com • Lun.-mar. 12h-minuit, mer. 12h-1h, jeu.-ven. 12h-2h30, sam.-dim. 12h30-2h30.

Bowe's

Pub traditionnel 27 Plan I6

Cherchez la pendule rouge dans la partie la plus calme de Fleet Street pour trouver ce pub authentique. Au Bowe's, on a l'impression que le temps s'est arrêté au XIXe s. avec son comptoir en acajou, ses jolis vitraux et ses belles banquettes en cuir rouge. Un vrai pub irlandais avec un barman toujours accueillant et bavard. Non seulement la Guinness y est bonne, mais on y trouve également un bon choix de whiskeys locaux.

31 Fleet Street • ☏671 4038 • www.bowespub.com • Lun.-jeu. 12h30-23h30, ven.-sam. 12h30-0h30, dim. 15h-23h.

Mulligan's

Pub 28 Plan I6

Certains vous assureront que c'est ici que l'on sert la pinte la plus exquise de la ville. Véritable institution, mentionné par Joyce dans son roman *Les Dublinois*, ce bar a beau être devenu un passage obligé des touristess, il n'a rien perdu de son cachet. Essayez de repérer les habitués et préparez-vous à entendre les histoires les plus folles à propos de cet établissement incontournable.

8 Poolbeg Street • ☏677 5582 • Lun.-jeu. 10h30-23h30, ven.-sam. 10h30-0h30, dim. 12h-23h • Pinte de Guinness : 6 €.

Hôtels B&B

Trinity City Hotel

Déco Plan D3

Exubérance et originalité règnent en maîtresses. L'intérieur multiplie les dorures, les velours et les cuirs, et mêle avec audace lanternes orientales, lustres Art nouveau, plantes, sofas minimalistes, colonnes corinthiennes, miroirs démesurés, chaises coloniales et canapés georgiens.

Pearse Street • ☏648 1000 • www.trinitycityhotel.com • De 120 à 279 €.

Shopping Cadeaux

Aran Sweater Market

Pulls irlandais 9 Plan I7

Cette boutique fait vivre la tradition des mailles venues de l'île d'Aran. À l'étage, on se surprend à s'inventer un ancêtre nommé « Callaghan » ou « Fitzpatrick », en admirant le mur d'écharpes dont les motifs se rapportent à des clans irlandais. Inutile de présenter votre arbre généalogique pour acquérir l'une des ces merveilles qui viendront réchauffer les cous, un pull ou un plaid en mérinos.

115 Grafton Street • ☏00353 (0)64 66 23 102 • www.aran.com • T.l.j. 10h-18h • Pulls : 80-150 €; plaid : 130 €.

Kilkenny Center

Design 10 Plan I7

Le plus prestigieux magasin traditionnel de Dublin a su conserver une incroyable collection de modèles intemporels, en y ajoutant une touche de créativité grâce aux jeunes stylistes. Les tricots y sont revisités en coton,

Le kitsch irlandais

Voici, parmi les souvenirs et les gadgets qui envahissent les boutiques, les objets et personnages liés à la mythologie celte (p. 54-55) ou à de vieilles coutumes irlandaises. Le *shamrock* (trèfle) est un symbole national et un emblème que vous verrez partout, sur les maillots des sportifs, sur les avions, etc. La harpe, elle, est l'emblème national officiel : on la retrouve sur les pièces de monnaie, les bouteilles de Guinness, etc., et elle évoque le roi Brian Boru, vaillant joueur de harpe et vainqueur des Vikings à la bataille de Clontarf en 1014. Le *leprechaun* (on prononce « lépricône ») fait partie du petit peuple surnaturel des légendes : laid et malicieux, il est représenté sur un arc-en-ciel avec un chapeau vert et un pot rempli d'or. Quant à la croix de sainte Brigitte, de roseaux tressés, elle protège les animaux ainsi que le bétail, et est devenue l'emblème de la télévision nationale, la RTE.

lin ou soie. Côté maison (15-150 €), on délaisse la porcelaine pour les poteries rustiques, comme les faïences aux motifs campagnards de Nicholas Mosse.

6-15 Nassau Street • ☎ 677 7066 • www.kilkennyshop.com • Lun.-sam. 10h-18h, dim. 11h-18h.

Avoca

Maison et déco

11 Plan I7

Un grand magasin purement irlandais qu'on apprécie particulièrement. Dans une explosion de couleurs, le traditionnel se mêle à la mode du moment, tant dans le prêt-à-porter que dans les accessoires, les cadeaux et les fournitures pour la maison. Au rayon enfants, de grosses toupies anciennes côtoient d'adorables mallettes à dînette. Au sous-sol, vous trouverez une épicerie particulièrement bien fournie avec des sauces à ne plus savoir où donner de la tête, du chocolat irlandais, des confitures, des miniportions de légumes secs, du thé et du café. Un bar à salades permet de déjeuner sur place.

11-13 Suffolk Street • ☎ 677 4215 • www.avoca.com • Lun.-sam. 9h-18h, dim. 10h-18h.

LA MUSIQUE IRLANDAISE, ROCK STEP DANCING

Que vous l'aimiez traditionnelle, folk ou rock, la musique irlandaise est omniprésente à Dublin. Dans la rue et dans les pubs, le son des flûtes, des violons et des guitares résonne partout, les amateurs se mêlant aux professionnels dans un même amour du chant, de la danse et de la fête.

Musique traditionnelle

La musique traditionnelle irlandaise est bien vivante. Musique à écouter et plus encore à danser, elle est aussi un art de vivre à l'irlandaise. C'est une façon de créer un lien dans le pub – ou la salle communautaire –, qui est le QG de ces concerts. Sur scène, les *seisúns*, ou *pub sessions*, réunissent souvent de façon informelle différents musiciens qui apprennent à jouer ensemble en improvisant sur des instruments au design parfois étrange, des *bodhrán* (sorte de grands tambourins), des *tin whistle* (flûtes droites), des *melodeons* (sorte d'accordéons simplifiés), des *fiddles* (violons) et les inoxydables *music spoons*, des cuillères en bois qui donnent le rythme. Les concerts sont parfois coordonnés à un spectacle de danse, l'occasion de découvrir le *step dancing* et les danses de groupe *(ceili dancing)*.

Une évolution en douceur

Dans les années 1960 et 1970, les liens étroits tissés avec les États-Unis et l'influence d'artistes aussi populaires que Joan Baez et Bob Dylan ont permis à la musique folk de s'épanouir en Irlande. Des artistes comme **The Clancy Brothers, The Dubliners** ou encore **Christy Moore** sont restés fidèles au folk. D'autres, comme **Van Morrison,** s'orientèrent vers le rock en mêlant l'héritage celte aux rythmes du blues. **Rory Gallagher** suivit le même chemin, avant que **The Cranberries** ne rééditent la recette dans les années 1990.

Concert de musique traditionnelle

Le choc punk

Le mouvement punk, qui débute à Londres avec The Clash et les Sex Pistols, arrive d'abord en Irlande du Nord. Il symbolise la révolte contre l'ordre moral cher aux Églises protestantes puritaines. À Dublin, ce courant est moins actif, seuls **The Boomtown Rats**, sous la direction de Bob Geldof, connurent du succès. En revanche, la musique traditionnelle accommodée à la sauce punk fait la renommée internationale des *celtic punk* de The Pogues, Irlandais émigrés à Londres.

La bombe U2

Le **groupe U2,** mené par le chanteur Bono, fait une entrée fracassante dans le paysage musical avec son premier album, *Boy* (1980). Environ 40 ans plus tard et plus de 170 millions de disques vendus, U2 est toujours la première exportation musicale d'Irlande, atteignant une célébrité comparable à celle des Rolling Stones. Avec leur tube mondial *Sunday Bloody Sunday* (1983), ils ont montré leur sensibilité aux événements sanglants de Derry survenus en 1972. Dans leur sillage, la créativité explose.

Une scène rock dynamique

La fin des années 1980 est marquée par une autre découverte importante, celle de la chanteuse **Sinéad O'Connor**, qui signe avec sa version de *Nothing Compares 2 U* – une chanson de Prince – son entrée sur la scène mondiale. Autre voix, autre femme, mais dans un genre teinté d'influences celtiques, celle des Cranberries, la chanteuse **Dolores O'Riordan** (disparue en 2018), considérée comme l'une des plus belles voix féminines du rock.

Le renouveau

Après la folie des boys bands et le succès de Boyzone dans les années 1990, la mode revient à la pop anglaise, comme avec le groupe **The Corrs,** qui mélange pop et influences celtiques. Des groupes tels que **Snow Patrol** et **The Thrills,** installés dans un son plus *British*, s'arrachent les faveurs de la presse spécialisée. Autre étoile irlandaise, née au début des années 2000, **Damien Rice,** qui délivre une folk poétique dans ses albums *O* et *9*. ■

Rock and Stroll

Si vous êtes un fan absolu de tout ce qui est rock, vous pouvez parcourir la ville sur les traces du rock. Demandez à l'office de tourisme le dépliant Rock and Stroll (3 €), qui donne la liste et les détails de 16 sites mythiques, comme les studios de Windmill Lane, où U2 a enregistré son premier disque, ou le Bad Ass Café, où Sinéad O'Connor travaillait en tant que serveuse, ou passez au Irish Rock'n'Roll Museum Experience (p. 62).

DUBLIN LITTÉRAIRE

Qui pourrait se douter qu'une île perdue à l'ouest de l'Europe, longtemps privée de sa langue, ait pu devenir l'une des premières nations littéraires du monde ? Dublin, en tout cas, a gardé la marque de ses auteurs, qu'ils soient sérieux et austères ou fantasques et poètes. Lumières des salons ou piliers de bar, ils sont présents partout. Entre la ville et eux, c'est une histoire d'amour.

Le combat de la langue

Bien que condamnés à délaisser leur langue, le gaélique, les Irlandais ont relevé le défi et ont compté les plus grands auteurs de langue anglaise, dont quatre Prix Nobel : William Butler Yeats (1923), George Bernard Shaw (1925), Samuel Beckett (1969) et Seamus Heaney (1995). Ils ont surtout considérablement rajeuni et vivifié la littérature anglo-saxonne en lui apportant fantaisie, imagination et virtuosité.

Oscar Wilde

De Gulliver à Dracula

Le premier auteur irlandais célèbre est **Jonathan Swift** (1667-1745). Nommé doyen de la cathédrale Saint-Patrick, il écrit des récits satiriques, dont les célèbres *Voyages de Gulliver*, qui dénoncent le joug anglais. L'appartenance de Dracula à la bonne société dublinoise est moins connue. **Bram Stoker** passa 5 ans à écrire *Dracula*, et il est évident que les légendes celtes et le goût du surnaturel ont eu une influence sur son récit.

Déjà la provocation

Si *Dracula* détonne dans le XIXe s. littéraire, un autre écrivain dublinois est encore plus sulfureux, **Oscar Wilde**. Ce dernier était un brillant pilier des salons les plus élitistes et écrivait des pièces remarquables, mais son attitude provocatrice et son homosexualité affichée lui coûtèrent sa liberté. Après la prison, il s'exila à Paris pour y mourir dans la misère. Il reste cependant l'un des enfants chéris de Dublin. Il suffit de voir la statue pleine d'humour qu'on lui a dressée au bord de **Merrion**

Square (p. 112), où vivait sa famille, pour deviner cette affection.

George Bernard Shaw et William Butler Yeats

Après Wilde, **George Bernard Shaw**, Dublinois de naissance, fit carrière à Londres. Ses succès lui ont valu le prix Nobel de littérature, mais il retournait rarement en Irlande, même s'il légua le tiers de ses royalties à la National Gallery. En fait, le plus éminent des auteurs irlandais et le plus impliqué dans la vie culturelle de la cité est **William Butler Yeats**. Considéré comme le plus grand poète de l'île, il était issu d'une famille d'artistes. Passionné de théâtre, il cofonda l'**Abbey Theatre** (p. 30).

La révolution Joyce

James Joyce révolutionna le monde des lettres. La virtuosité de son écriture, sa technique et son côté subversif le mirent vite en butte à la censure. Ses romans dressent un portrait acide et sans concession de la société dublinoise. Son chef-d'œuvre, *Ulysse,* se calque sur la structure de *L'Odyssée,* d'Homère, mais situe les périples du héros dans les quartiers de Dublin. L'engouement des Dublinois pour leur auteur fétiche est tel que l'on a créé un jour de fête juste pour suivre les traces de Leopold Bloom, héros d'*Ulysse,* à travers la ville. Ainsi, le 16 juin, c'est **Bloomsday** (p. 182). Installé à Paris, Joyce se lia d'amitié avec un autre Irlandais surdoué, **Samuel Beckett**, originaire de Dublin. Chassé de l'île par la censure, ce jeune dramaturge connaîtra la gloire en France avec des pièces comme *En attendant Godot.*

Les rêveries alcooliques

Nombre d'autres auteurs de pièces, d'essais ou de nouvelles ont laissé leur empreinte, ici et là : John Millington Synge, Patrick Kavanagh, Flann O'Brien (de son vrai nom Brian O'Nolan) ou Brendan Behan. Connus pour leur infatigable penchant pour l'alcool, ils hantent encore les pubs enfumés qu'ils fréquentaient pour trouver l'inspiration. ■

Un vent de renouveau

Les écrivains contemporains témoignent avec tendresse et humour de la vie en Irlande. Le plus célèbre d'entre eux est Roddy Doyle, dont les romans ont inspiré la trilogie cinématographique *The Commitments, The Snapper* et *The Van.* Son roman *Paddy Clarke Ha Ha Ha* a remporté le prestigieux Booker Prize. Joseph O'Connor et Colm Tóibín, Dublinois, atteignent peu à peu la même notoriété. Ils font partie, comme John McGahern ou Edna O'Brien, d'une génération d'auteurs de qualité. Plus récemment, Sally Rooney s'est distinguée avec ses romans hyperréalistes sur la jeunesse irlandaise.

AUTOUR DE ST STEPHEN'S GREEN 6

Autour de St Stephen's Green, vous vous trouvez dans le Dublin des boutiques prestigieuses, des échoppes créatives, des galeries d'art, des vieux pubs et des beautés religieuses insoupçonnées. De quoi satisfaire les mordus de shopping comme les férus de patrimoine. Au centre, St Stephen's Green déploie ses allées ombragées, son étang et ses célébrités de bronze… Respiration bucolique en perspective !

St Stephen's Green

1 St Stephen's Green⁺⁺

En 1880, d'anciens terrains appartenant à la ville de Dublin ont été transformés en un superbe parc de 9 ha, avec un lac et des jardins, grâce à l'aide financière d'Arthur Edward Guinness (aussi connu sous le nom de lord Ardilaun). Plus célèbre parc victorien d'Irlande, il est le lieu de rendez-vous des étudiants de Trinity College.

Un cadre enchanteur

Réputé pour son calme, le parc est aussi prisé pour l'ensemble des bâtisses georgiennes, dont de nombreuses maisons doubles, qui le bordent avec leurs colonnes caractéristiques et leurs impostes semi-circulaires.

Commémorations

Au cours de votre promenade dans le parc, vous rencontrerez de nombreuses statues créées en hommage aux grandes figures irlandaises : le buste de James Joyce, une stèle à la mémoire de Yeats réalisée en 1967 par Henry Moore, un monument à la gloire du nationaliste Wolfe Tone... Derrière ce dernier se tient une autre œuvre, signée Edward Delaney, dédiée aux victimes de la Grande Famine. À cause des stèles verticales qui le bordent, l'ensemble a reçu le surnom de « Tonehenge ».

Du côté de l'entrée sud-est, une fontaine symbolise les trois déesses du Destin (The Three Fates). Le bronze fut offert par les Allemands, en remerciement pour l'accueil de 500 enfants réfugiés, au lendemain de la Seconde Guerre mondiale.

www.ststephensgreenpark.ie • Lun.-sam. de 7h30 au crépuscule, dim. de 9h30 au crépuscule • Accès libre.

2 Newman House✦✦

L'ancienne université catholique d'Irlande est maintenant séparée en deux : une partie du bâtiment est devenue le ministère des Affaires étrangères, mais l'autre partie abrite depuis 2019 le **Museum of Literature Ireland.** Construite en 1854, la demeure est un exemple typique du style georgien, avec à l'intérieur une profusion de stucs aux plafonds. Des étudiants célèbres ont fait leurs classes dans cette école. Parmi eux, James Joyce ou encore Eamon De Valera, considéré comme le père de la Nation.

85-86 St Stephen's Green South • ☎716 5900 • https://moli.ie • Mar.-dim. 10h30-18h (dern. accès à 17h) • Entrée : 10 €.

3 Newman University Church✦✦

Passez sous ce petit porche roman très discret, il vous conduira à l'une des perles secrètes de Dublin : la Newman University Church. Elle doit son nom à son bâtisseur, John Henry Newman, fondateur en 1854 de la première université catholique d'Irlande. Une église ? Plutôt une « grange », selon le vœu de Newman, une fantaisie somptueuse inspirée

Pour une pause qui change : Sprout & Co

Dans ce bar à salades au service efficace, les bowls ou wraps sont copieux et délicieux à souhait. Vous y trouverez des salades ultra-fraîches aux saveurs orientales *(Korean chicken)*, méditerranéennes *(Paprika chica)* et même mexicaines *(chicken taco salad)*. La plupart des produits de saison proviennent de la ferme bio Sprout & Co, dans le comté de Kildare. À manger sur place à l'une des grandes tables ou à emporter pour un pique-nique dans le parc.

36 ***plan H7 • 18 Exchequer Street • ☎633 6872 • www.sproutfoodco.com • Lun.-ven. 10h30-20h, sam.-dim. 11h30-18h30.***

City Hall
Molly Malone
The Douglas Hyde Gallery
Powerscourt Centre
The Printmakers Gallery
Westbury Mall
St Ann's Church
Mansion House
The Little Museum of Dublin
Whitefriar Street Church
Shelbourne Hotel
St Stephen's Green
Newman House
Newman University Church
Iveagh Gardens
George's St. Arcade
Castle Market St.
CASTLE MARKET
JOHNSON PLACE
AUNGIER PLACE
SETANTA PLACE
Dame Street
Dame Lane
Dame Court
Exchequer St.
Wicklow Street
Suffolk St.
Nassau Street
Trinity St.
St Andrew St.
Duke Lane Upper
Duke Street
Dawson Street
Dawson Lane
South Frederick St.
Johnson's Court
Lemon St.
Upper Duke Lane
South Anne St.
Harry St.
Grafton Street
Chatham Row
Chatham St.
South William Street
Clarendon Street
Drury Street
Fade St.
South Great George's Street
Stephen St. Upper
Stephen St. Lower
Longford St. Great
Longford St. Little
Digges Lane
Bow Lane East
South King St.
Glovers Alley
Mercer St. Lower
Mercer Street Upper
Whitefriar Place
Aungier St.
Peter Row
York Street
Digges Street Upper
Wexford Street
Cuffe Street
Saint Stephen's Green West
Saint Stephen's Green North
Saint Stephen's Green South
Saint Stephen's Green East
Molesworth Street
Schoolhouse Lane
Kildare Street
Montague Street
Camden Row
Pleasants Street
Camden Street Lower
Grantham Street
Harcourt Street
Hatch Street Upper
Earlsfort Terrace
Leeson Street
100 m

des basiliques romanes et richement décorée de peintures et de marbres de couleur.

87A St Stephen's Green • ☏475 9674 • https://newman.nd.edu

4 Iveagh Gardens✦

Après la foule de St Stephen's Green, ce jardin enclavé au milieu des immeubles est une parenthèse étrangement sereine tout près du centre. Vastes pelouses, fontaine chantante, arbres centenaires, marronniers et bouquets de houx, avec, tout autour, les vieux murs qui bordent les jardins des maisons. La partie nord présente une zone en creux qui accueille des représentations théâtrales très originales.

Mars-oct. : lun.-sam. 8h-19h30, dim. 10h-19h30; nov.-fév. : lun.-sam. 8h-16h, dim. 10h-16h • Entrée libre.

5 Shelbourne Hotel✦

Ce luxueux hôtel à la façade remarquable, achevé en 1867, est aujourd'hui propriété du groupe Marriott. La décoration faite de statues de princesses nubiennes et de leurs esclaves est inchangée depuis. L'endroit est devenu célèbre en 1922, la chambre n° 112 étant le lieu où fut rédigée la Constitution. Le salon de thé, le Lord Mayor's Lounge, est très prisé par les Dublinois.

27 St Stephen's Green • www.marriott.fr • Lord Mayor's Lounge : t.l.j. 12h-14h, 14h30-16h30 et 17h-19h (résa ☏663 4500) • Afternoon tea *: 55 €/pers.;* champagne afternoon tea *: 73 €/pers.*

6 The Little Museum of Dublin✦✦

Ce musée dédié à l'histoire de Dublin au XXe s. est l'œuvre commune de ses habitants. Ses deux pièces ont été arrangées à la façon d'un salon privé, avec feu de cheminée et fauteuils moelleux ! Aux murs, un siècle d'histoire défile, de la visite de la reine Victoria en 1900 aux célébrations du passage à l'an 2000. Des peintures, photographies, lettres, cartes postales, publicités, journaux et objets souvent émouvants.

15 St Stephen's Green • ☏661 1000 • www.littlemuseum.ie • T.l.j. 10h-17h • Entrée : 10 € (visite guidée incluse).

Mansion House

7 Mansion House✦

La résidence officielle du maire de Dublin est la plus ancienne maison indépendante de la ville (1710) et sûrement l'une des plus belles. Sa façade, avec fronton, parapet et porche en fer forgé, est un modèle d'équilibre. La Round Room (rotonde) à l'arrière – visible depuis Joshua Lane – fut bâtie en 1821 pour la visite du roi George IV (l'oncle de la future reine Victoria). Ironie de l'histoire, c'est ici que se réunit le premier Parlement irlandais en janvier 1919.

Dawson Street • ☏222 6200 • www.dublincity.ie • F. au public.

8 St Ann's Church✦

L'architecture néoromane de cette église anglicane, datant de 1868, est assez banale. Un détail amusant à l'intérieur : sur une étagère, à gauche de l'autel, vous verrez un ou deux pains rassis, laissés pour les pauvres suivant la tradition de charité. La coutume veut ainsi que 120 pains soient déposés chaque semaine et que quiconque puisse se servir sans craindre d'être questionné. Certains jours, concert à l'heure du déjeuner (détails à l'entrée et sur www.stannsrecitals.com).

Dawson Street • T.l.j. 10h-16h • Entrée libre; concert : 10 €.

9 Westbury Mall✦

Ouvrant sur Johnson Court, une ruelle donnant dans Grafton Street, cette mignonne arcade au style rétro rassemble quelques jolies boutiques de déco ou de cadeaux et deux cafés. À droite, vous rejoignez Clarendon Street et Powerscourt. En face, la galerie débouche sur Harry Street.

Johnson Court, Grafton Street • Lun.-sam. 10h-18h en général.

10 Powerscourt Centre✦

Cette galerie commerciale était au XVIIIe s. l'hôtel particulier de lord Richard Wingfield, troisième vicomte de Powerscourt, surnommé le « comte français » tant il aimait s'habiller à la

Pour une pause tradi : Stag's Head

Ce pub, tout en boiseries patinées, possède un décor victorien intact avec un comptoir en marbre rouge du Connemara et une atmosphère chaleureuse et conviviale dans une douce pénombre. Il faut venir ici pour manger l'une des meilleures *pub food* de Dublin, servie entre 18h et 19h. Essayez la traditionnelle *fish pie* ou une viande. En plus, l'accueil est sympathique et amical. Musique traditionnelle au sous-sol le vendredi et le samedi soir.

37 plan H7 • ***1 Dame Court • ☏679 3687 • https://stagshead.ie • Lun.-jeu. 12h-23h30, ven.-sam. 12h-1h, dim. 12h-23h • Fish pie : 15 €.***

dernière mode parisienne. L'ensemble s'organise autour d'une cour centrale à galeries où sont installés restaurants (The Pepper Pot, p. 95) et bars, mais aussi boutiques ravissantes : joailliers, antiquaires, galeries d'art, prêt-à-porter de luxe.

59 South William Street (accès possible par Clarendon Street) • ☎671 7000 • www.powerscourtcentre.com • Lun.-sam. 10h-18h (20h jeu. en déc.), dim. 12h-18h.

11 George's Street Arcade✦

Entre Castle Market et South Great George's Street, ce petit passage couvert ressemble à un marché aux puces, avec ses fripiers, ses bouquinistes, ses marchands de bijoux fantaisie, et le parfum de l'encens qui s'échappe des boutiques. Vous y trouverez aussi des snacks bon marché et des étals gastronomiques pour les gourmets.

Accès par Drury Street et South Great George's Street • www.georgesstreetarcade.ie • Lun.-mer. 9h-18h, jeu.-sam. 9h-19h, dim. 12h-18h.

12 Whitefriar Street Church✦

L'église aujourd'hui la plus populaire de Dublin fut construite en 1823 en retrait de la rue du même nom pour ne pas offenser les protestants. On y accède par un corridor, où les fidèles s'arrêtent boire à la fontaine sacrée de saint Albert de Sicile. L'église abrite les supposées reliques de saint

St Ann's Church

Valentin, offertes par le pape Grégoire XVI en 1835. Mais le vrai trésor se situe sous le dôme étoilé près de l'entrée : *Notre-Dame de Dublin*, une Vierge à l'Enfant en bois du XVᵉ s. qui a miraculeusement survécu aux actes iconoclastes de la Réforme.

56 Aungier Street • ☎475 8821 • www.whitefriarstreetchurch.ie • Lun.-sam. 8h-18h, dim. 8h-20h • Accès libre.

Restos Bistrots

Bunsen

Burgers 38 Plan C4

Le grand B lumineux qui trône sur la façade est vite devenu le point de ralliement des inconditionnels du burger. Au-delà des possibles options « paléo » ou « sans gluten », ici, pas de chichis. Le sandwich-roi est traité dans toute sa sobriété : classique ou cheese, en version simple ou double. Pour l'accompagner, des frites maison, fines ou épaisses. C'est simple, le menu tient sur une carte de visite. Pourquoi faire compliqué quand on peut faire parfait ?

36 Wexford Street • ☎552 5408 • www.bunsen.ie • Lun.-mer. 12h-21h30, jeu.-sam. 12h-22h30, dim. 13h-21h30 • Burgers : 8-11 €.

Camden Kitchen

Produits de saison 39 Plan C4

Ce resto intime en retrait de Camden Street Lower est une perle gastronomique. Son chef, Padraic Hayden, s'attache à quelques principes simples : une cuisine de saveurs, des produits saisonniers, un menu chaque jour différent, une présentation parfaite et un service stylé et amical.

3 Grantham Street • ☎476 0125 • www.camdenkitchen.ie • Mer.-sam. 17h-21h30, dim. 18h-20h30 • Early Evening Menu *: 31 € (2 plats) et 36 € (3 plats).*

Fade Street Social

Tapas et viande 40 Plan H7

C'est l'un des restos-concept de Dylan McGrath – la coqueluche des Dublinois. Sous le même toit, un bar spécialisé en cuisson au feu de bois (Woodfired), un restaurant et un bar à cocktails. Le menu du Woodfired (salade burrata, daurade grillée, burgers, etc.) est très prometteur. À la carte du restaurant : parfait de foies de volaille, poitrine de porc rôtie ou flétan rôti.

4/6 Fade Street • ☎604 0066 • www.fadestreetsocial.com
Restaurant : *mar.-sam. 17h-22h • Plats : 15-35 €.*
Woodfired : *dim.-jeu. 12h-22h, ven.-sam. 12h-22h30 • Résa indispensable.*
Bar à cocktails : *dim.-mer. 12h-0h30, jeu.-sam. 12h-1h30.*

Neon

Thaïlandais 41 Plan C4

Neon vous embarque pour la Thaïlande et la cuisine délicieusement parfumée et épicée des rues de Bangkok : *pad thaï* de poulet, curry aux crevettes, rouleaux de printemps, etc. La clientèle est jeune et l'ambiance aussi animée qu'un marché flottant ! Commandez au comptoir, puis trouvez une place à la grande table centrale pour déguster votre copieuse box. Et n'hésitez pas à utiliser la machine à glace italienne, la glace est offerte !

17 Camden Street • ☎405 2222 • www.neon17.ie • Mer.-dim. 12h-22h • Plat : env. 15 €.

Lemon Crepes and Coffee Co.

Crêpes 42 Plan H7

Une fois n'est pas coutume, ici vous êtes un numéro : celui de votre commande, que des serveurs diligents font résonner au-dessus des têtes lorsqu'elle est prête. Attention à bien le mémoriser ! On y déguste, sur de grandes tables à partager, des crêpes au sarrasin qui n'ont rien à envier aux galettes bretonnes : de la très classique œuf-jambon-fromage à la populaire *big breakfast crepe* au cheddar, bacon, saucisse et œuf.

66 William Street South • ☎672 9044 • www.lemonco.com • T.l.j. 11h-17h • Galette : env. 8 €.

Olesya's Wine Bar

International 43 Plan H7

Olesya est russe, le sommelier français, et les chefs sont trois (un Russe, un Irlandais et un Espagnol) et jamais à court d'idées. Au final, une cuisine très éclectique et délicieuse est proposée : fromages irlandais et français, saumon fumé irlandais, pâté de foie fait maison… Le brunch offre un choix de deux ou trois plats. Du côté de la carte des vins, le sommelier connaît tous les producteurs qui y figurent, et propose d'excellents vins du monde.

18 Exchequer Street • ☎672 4087 • www.olesyaswinebar.com • Dim.-mer. 12h-22h30, jeu. 12h-23h, ven.-sam. 12h-0h30 • Early Bird Menu *(17h-19h) : 22 € (2 plats) et 25 € (3 plats) ; mêmes tarifs pour le brunch; saumon : 15 €; verre de vin : env. 7 €.*

L'Gueuleton

Français 44 Plan H7

Ces murs de briques rouges habillés de peintures contemporaines abritent l'un des restaurants les plus en vue de la jeunesse dublinoise. Dans une ambiance bistrot moderne, on y mange une cuisine aux accents français (soupe à l'oignon, tartare de bœuf). Une adresse pour les nostalgiques de cassoulet ou de choucroute !

1 Fade Street • ☎087 939 3608 • www.lgueuleton.com • T.l.j. 11h-22h (brunch sam.-dim.); ambiance boîte de nuit ven.-sam. 22h-2h30 • Menus : 18-31 € (midi 1-3 plats) et 45 € (soir).

The Pepper Pot

Sur le pouce 45 Plan H7

Profitez de votre séance shopping au Powerscourt Town Centre pour faire une pause au Pepper Pot, de loin le meilleur choix de cette galerie commerçante pour déjeuner léger. Rendez-vous donc au deuxième étage, autour de l'une de ses toiles cirées colorées. Au menu : des bagels maison, des salades copieuses, des sandwichs, des soupes du jour et, surtout, d'excellentes pâtisseries maison *(Victoria sponge cake).*

59 William Street South • 707 1610 • www.thepepperpot.ie • Lun.-sam. 11h-17h • Petite restauration : 9-12 €.

Rustic Stone

Produits du marché 46 Plan H7

L'enseigne haut de gamme de Dylan McGrath, chef irlandais, joue la carte de la sobriété, y compris dans sa déco. Le menu est influencé par les saveurs de l'Asie avec du sashimi de poisson, des galettes de riz à la sauce coréenne épicée ou des *bao* (pain vapeur asiatiques) garnis de tofu ou de porc. Et vous pourrez aussi cuire à votre goût viande ou poisson servis sur une pierre chauffante.

17 South Great George's Street • 707 9596 • www.rusticstone.ie • Mar.-jeu. 17h-22h, ven.-sam. 12h-22h • Sashimi ou bao : 15 €; galettes de riz : 7,50 €; viande et poisson : 28-44 €.

Cornucopia

Végétarien 47 Plan H7/I7

Adepte des fibres et du bon cholestérol ? Le menu du plus ancien restaurant végétarien de Dublin pourrait bien devenir votre bréviaire. Une cafétéria qui, chaque jour (midi et soir), propose quatre ou cinq plats originaux et copieux, des salades, des soupes du jour et des pâtisseries tout à la fois végétaliennes, sans gluten, sans blé et sans levure. Un véritable exploit !

19/20 Wicklow Street • 677 7583 • www.cornucopia.ie • Lun.-jeu. 9h-21h, ven.-sam. 9h-21h30, dim. 10h30-20h30 • Soupes et salades : 6-7 €; plat : env. 15 €; pâtisseries : 3-6 €.

Butlers Chocolate Café

Chocolat 48 Plan H7

Le café est délicieux, quel que soit celui que vous choisirez. En outre, vous avez la possibilité de le déguster en goûtant aux chocolats de la boutique qui sont vendus à l'unité. Vous pouvez également vous faire préparer une boîte avec ceux de votre choix (45 € le kilo). Difficile de résister ! Une adresse

Sixty6

à la mode et une étape gourmande qui change du *tea & scones*.

24 Wicklow Street • ☏671 0591 • www.butlerschocolates.com • Lun.-mer. et ven. 7h30-19h, jeu. 7h-20h, sam. 8h30-19h, dim. 9h-19h.

Sixty6

Européen

49 Plan H7

Le Sixty6 fait partie de ces lieux branchés du SoDa (South of Dame Street Area), à la fois chic, animé et bruyant, où il fait bon être vu. Côté design, une vraie réussite avec quelques originalités, comme ce mur entièrement recouvert d'assiettes dépareillées sur lesquelles figurent aussi bien Napoléon qu'Élisabeth II ou ce lustre à... bouteilles. Côté papilles, une cuisine de bonne tenue proposant des plats européens avec une touche irlandaise et surtout une belle carte de poisson.

66-67 South Great George's Street • ☏400 5878 • www.brasseriesixty6.com • Mer.-jeu. 12h-21h15, ven.-sam. 12h-21h30, dim. 12h-20h • Poissons : 25-28 €.

La Maison

Restaurant

50 Plan H7

Ce restaurant propose une cuisine simple et délicieuse. Vous pourrez aussi bien vous attabler autour d'un plat salé ou succomber aux délices d'une pause sucrée, accompagnée d'une boisson chaude que vous pourrez prendre sur la petite terrasse. Quelles que soient vos envies, Gary Walker, le chef aux commandes, saura vous concocter des plats qui raviront tout simplement votre palais.

15 Castle Market Street • ☏672 7258 • https://lamaisondublin.com • Mar.-sam. 12h30-15h30 et 17h-22h, dim. 12h30-20h • Early Bird Menu : 29,50 € (2 plats) et 37 € (3 plats).

Yamamori

Japonais

51 Plan H7

Cette autre adresse de la chaîne Yamamori (p. 27) vous accueille dans sa grande salle dépouillée, à la déco moderne. C'est le premier restaurant japonais qui ait ouvert à Dublin, et le spécialiste des ramens. Vous avez le choix : avec poulet, algues et légumes en tout genre.

71-72 South Great George's Street • ☏475 5001 • www.yamamori.ie/southcity • Lun.-mer. 12h-21h, jeu. 12h-21h30, ven.-sam. 12h-22h • Ramen : 12 € (midi)-20 € (soir); plats : 18-22 €.

The Cake Café

Sur le pouce

52 Plan C4

C'est une adresse un peu secrète, cachée au fond d'une petite cour, à l'ombre des bambous. The Cake Café ne fait pas seulement des gâteaux (*lemon slice* par exemple), c'est aussi une super option pour un déjeuner léger : sandwichs et soupes réconfortantes.

The Daintree Building, Pleasants Place • ☏478 9394 • www.thecakecafe.ie • Lun.-sam. 9h-18h • Soupes et sandwichs : 6-9 €; pâtisseries : env. 4 €.

Simon's Place

Coffee shop 53 Plan H7

Encore l'un de ces *coffee shops* chaleureux dont Dublin a le secret. Blotti à l'entrée d'un magnifique marché couvert, Simon's Place est un lieu animé en permanence. Il est également très convivial, avec ses tables communes et ses murs placardés d'affiches. La cuisine est simple, bonne et abordable (soupes, sandwichs et salades).

George's Street Arcade, South Great George's Street • ☎679 7821 • Facebook : Simons Place Cafe • Lun.-sam. 8h30-17h • Soupes et sandwichs : 6-9 €.

Busyfeet & Coco Café

Sur le pouce 54 Plan H8

L'ambiance est très sympathique et plutôt étudiante dans ce petit café dont on apprécie beaucoup la terrasse le temps d'une éclaircie. Busyfeet & Coco Café soutient le commerce équitable et propose des produits en provenance de pays du tiers-monde. Les cafés et les thés, 100 % naturels, sont accompagnés de muffins, de scones et de brownies. Pour les petits creux : soupes, salades et sandwichs.

41 South William Street • ☎671 9514 • Dim.-lun. 10h-20h, mar. 10h-21h, mer. 10h-22h, jeu.-sam. 10h-23h.

Blazing Salads

Végétarien 55 Plan H7

Le Blazing Salads offre une savoureuse cuisine végétarienne et vegan qui n'utilise que des produits bio, et qui propose des plats ainsi que des gâteaux pour les régimes spéciaux (allergies, intolérances, etc.). Tous les aliments sont extrêmement frais et délicieusement assaisonnés. Vous avez un large choix entre des salades copieuses, des quiches, des lasagnes et beaucoup d'autres plats végétariens aux accents plus ou moins exotiques. L'établissement dispose maintenant d'une terrasse.

42 Drury Street • ☎671 9552 • www.blazingsalads.com • Lun.-sam. 9h-18h • Plats : 8-15 €.

Bewley's

Salon de thé 56 Plan I8

Le plus vieux et le plus célèbre salon de thé d'Irlande a fait l'objet d'une rénovation et d'une minutieuse restauration. Le décor oriental de 1927 avec ses vitraux et ses tapisseries en soie peinte accueille désormais des aménagements plus modernes. Toujours bondé, il abrite un théâtre qui donne des représentations pendant le déjeuner, un restaurant et un salon de thé.

78-79 Grafton Street • ☎564 0900 • www.bewleys.com/ie/grafton-street-cafe/ • Lun.-sam. 8h30-17h30 (18h sam.), dim. 9h-18h.

Café en Seine

Café 57 Plan I7

Tout en longueur, avec de hauts plafonds et un décor opulent de style Arts déco, c'est le rendez-vous des jeunes branchés. Selon l'heure de la journée, on y commande café et brioches, thé et scones, ou bière, assis dans de confortables fauteuils. On peut également y manger midi et soir. Le dimanche, le brunch est accompagné de jazz live.

39-40 Dawson Street • 677 4567 • www.cafeenseine.ie • Lun.-mer. 11h30-23h30, jeu. 11h30-1h, ven.-sam. 11h30-2h30, dim. 11h30-minuit • Repas : 25 € maximum.

Bars, clubs Sorties

P. Mac's

Pub 29 Plan H8

Un mobilier savamment dépareillé et usé juste comme il faut donne la réplique à des affiches vintage dans ce pub à la clientèle branchée (mais pas trop). Entre parties de jeux de société et soirées à débattre entre amis, tout le monde semble être à l'aise, comme dans son propre salon. L'ultime clin d'œil nostalgique qui fait gagner des points auprès des nombreux jeunes trentenaires qui élisent domicile pour la soirée : les paquets de chips rétro offerts avec les boissons.

28-30 Stephen Street Lower • 405 3653 • Facebook : pmacspub • T.l.j. 12h-minuit (1h ven.-sam.).

Kehoes Pub

Pub traditionnel 30 Plan I8

Dans la ronde des pubs, celui-ci est l'un de nos préférés, avec son plancher d'origine et ses petits compartiments intimes, séparés par des cloisons de bois, agréables pour bavarder entre amis et entretenir d'interminables conversations philosophiques qui font le piment de la capitale. Il devient surpeuplé à la fin de l'après-midi.

9 South Anne Street • 677 8312 • https://kehoesdublin.ie • Dim.-jeu. 10h-23h, ven.-sam. 10h-1h • Pinte de Guinness : 6 €.

Kehoes Pub

Bar Rua

Bar Rua

Pub 31 Plan H8

Avec son apaisante et moderne façade végétalisée, le Bar Rua se tient à bonne distance de l'effervescence du quartier. Il garde un œil sur les voisins parfois trop agités, sans oublier de faire la fête de son côté également. Le pub entend célébrer l'Irlande par le verre en offrant nombre de bières du coin ainsi que la nouvelle sensation artisanale de l'île : les cidres de petits producteurs.

32 Clarendon Street • ☎441 4425 • https://galwaybaybrewery.com • Lun.-mer. 12h-23h30, jeu. 12h-minuit, ven.-sam. 12h-0h30, dim. 12h-23h.

Whelan's

Musique 32 Plan C4

Il se passe toujours quelque chose au Whelan's. Du lundi au mercredi, c'est *silent disco* : enfilez un casque et faites des allers-retours entre les deux playlists gérées par des DJs rivaux. À partir du jeudi et tout le week-end, plusieurs scènes sont investies pour offrir concerts live, dance party indé, rock, disco, électro ou house.

25 Wexford Street • Bar : ☎478 0766 • WAV Tickets Office : ☎1890 200 078 • www.whelanslive.com • Lun.-sam. 17h-3h, dim. 17h-2h • Entrée gratuite dim.-jeu. et avant 22h30 ven.-sam. • Interdit aux moins de 18 ans.

Peruke & Periwig

Cocktails 33 Plan I8

Deux étages, deux ambiances pour ce bar à cocktails. Le rez-de-chaussée joue la carte brute et boisée avec un parquet qui a dû traverser bien des siècles, tandis qu'à l'étage des assises moelleuses voisinent avec des tableaux grandiloquents et des bibelots au kitsch assumé. Dans les verres, les potions sont au diapason d'un menu inspiré de courants musicaux. Du pop Little Red Corvette au rock Cucumber As You Are, les classiques revoient leur tempo pour des résultats qui swinguent.

31 Dawson Street • ☎672 7190 • https://peruke.ie • R.-d.-c. : lun.-ven. 17h-minuit, sam.-dim. 15h-2h; 1er étage : dim.-jeu. 17h-minuit, ven.-sam. 17h-0h30 • Cocktails : env. 13-14 €.

The Duke

Pub traditionnel 34 Plan I7

Parmi les pubs littéraires, celui-ci est assez classique, néanmoins agréable : murs ornés de dessins, salles et recoins multiples où retrouver ses amis, décor fidèle à la tradition. Le lieu est plein à craquer dès la fin de l'après-midi, et les conversations y vont bon train entre universitaires, hommes d'affaires, journalistes, etc.

9 Duke Street • ☎679 9553 • www.thedukedublin.com • Lun.-jeu. 10h30-23h30, ven.-sam. 10h30-0h30, dim. 12h-23h • Guinness : à partir de 6 €.

Fallon & Byrne Wine Cellar

Bar à vins 35 Plan H7

Au sous-sol de l'épicerie fine la plus trendy de Dublin se cache la plus belle cave à vin de la capitale. Le nombre d'étiquettes provenant du monde entier donne le tournis, mais la femme qui y officie saura vous guider dans ce maquis. Ce *wine bar* propose des choses simples : des planches de fromages et de charcuterie, des huîtres, des soupes de poisson. Ici, simplicité se conjugue avec saveur et authenticité.

11-17 Exchequer Street • ☎472 1010 • www.fallonandbyrne.com • Lun.-jeu. 12h-23h, ven. 12h-minuit, sam. 11h-minuit, dim. 12h-23h • Verres de vin : 8-16 €; soupe : 10 €; planches : à partir de 15 €.

The Long Hall

Pub traditionnel 36 Plan H8

Un de ces pubs magiques où le temps semble s'arrêter sous les lustres, les miroirs et les boiseries. Une longue salle aux banquettes confortables, dans la douce lumière des vitraux, et un silence feutré propre à la détente au milieu d'une séance shopping. Rien ne semble avoir changé ici depuis le jour de l'ouverture, en 1880…

51 South Great George's Street • ☎475 1590 • Lun.-jeu. 12h30-23h30, ven.-sam. 12h30-0h30, dim. 12h30-23h • Pinte de Guinness : 6 €.

Dakota

Bar et night-club 37 Plan H7

Un « super bar » à la londonienne où se ruent des hordes de jeunes Dublinois pour s'imprégner d'une atmosphère lounge, lovés dans des sofas en écoutant de la bonne musique oscillant entre le rétro et l'actuel. Si vous comptez vous y rendre le week-end, préparez-vous à affronter la foule et le bruit !

8-9 South William Street • ☎672 7696 • www.dakotabar.ie • Dim.-mer. 12h-23h30, jeu. 12h-1h30, ven.-sam. 12h-2h30 • Bière : 6,50 €.

Fade Street Social Bar

Bar et night-club 38 Plan H7

Avec ses murs de brique, son parquet blond sans âge et ses sofas moelleux, ce bar au premier étage du restaurant éponyme est aussi cosy qu'un club anglais. Une clientèle chic et joviale vient y siroter de délicieux cocktails ou découvrir la carte des vins chiliens, espagnols ou français sélectionnés par Dylan McGrath. Le tout au rythme d'une *lounge music* qui monte en puissance au fil de la soirée. Idéal pour profiter du rooftop, son agréable terrasse sur le toit étant ouverte par beau temps.

4-6 Fade Street • ☎604 0066 • www.fadestreetsocial.com • Dim.-jeu. 12h-0h30, ven.-sam. 12h-2h • Cocktails : 13-15 €; verres de vin : 8-11 €.

Hogans

Bar et night-club 39 Plan H7

Vieux bar en bois du XIXe s., parquet sans âge et vitres gravées, le Hogans cache bien son jeu. Sous ses airs de pub traditionnel, il est l'un des bars les plus trendy du SoDa (South of Dame Street). Pour boire une pinte ou un *long drink* dans un joyeux boucan, optez pour le bar du rez-de-chaussée. Si vous êtes pris par une envie de chalouper, filez au sous-sol. Des DJs s'y produisent tous les jeu., ven. et sam. à partir de 22h.

59 South Great George's Street • ☎677 5904 • www.kellysdublin.com • Lun.-mer. 12h-23h30, jeu. 12h-1h, ven.-sam. 12h-2h30, dim. 14h-23h • Pinte de Guinness : 4,95 €.

The George

Bar et night-club 40 Plan H7

Une devanture noire pour ce bar reconnu comme le principal rendez-vous gay de la capitale. Le club vise même la première place européenne (les Irlandais ont le sens des superlatifs) pour les meilleures soirées, les plus vibrantes et les plus animées. Bien qu'ouvert à tous, l'endroit attire surtout une clientèle masculine.

89 South Great George's Street • ☎671 3298 • www.thegeorge.ie • Lun.-mar. 12h30-1h30, mer.-sam. 12h30-2h30, dim. 12h30-1h; club à partir de 16h • Entrée : 5-10 €; gratuit lun.-jeu. et jusqu'à 20h (21h dim.).

The Gaiety Theatre

Théâtre et concert 41 Plan H8

Une salle très cosmopolite pour des spectacles variés, allant du théâtre classique ou de boulevard à l'opéra, en passant par des shows comiques. Les plus intéressants des spectacles internationaux se produisent ici. Certains sont très prestigieux, le prix des places étant alors plus élevé que la moyenne.

South King Street • ☎871 9388 • www.gaietytheatre.ie • Lun.-sam. 12h-18h • Place : 15-70 €.

National Concert Hall

Théâtre et concert 42 Plan D4

Avant d'être une salle de concerts, les locaux appartenaient à l'université de Dublin, ce qui explique leur aspect austère et une acoustique médiocre. La musique classique est donc mal servie. Vous n'aurez ainsi aucun mal à trouver des billets. Sympathiques pour faire une pause : les concerts à l'heure du déjeuner tous les mardis en été.

Earlsfort Terrace • ☎417 0077 (accueil) et ☎417 0000 (résa) • www.nch.ie • Lun.-ven. 10h-14h • Place : 33 €.

Three Storey

Café-bar à cocktails 43 Plan I8

Le Three Storey abrite trois espaces différents dans un bel immeuble georgien avec vue sur le parc St Stephen's Green. Au rez-de-chaussée, le café est ouvert le matin pour le petit déjeuner (*Irish breakfast*, tartine d'avocat). Le midi, c'est plutôt simple : pâtes, burgers, soupes. Mais, la spécialité, c'est le Spritz, un cocktail italien. En haut, les cocktails sont préparés avec beaucoup d'expertise et le restaurant sert des plats d'influence italienne.

10 St Stephen's Green • ☎083 200 8935 • www.threestorey.ie
Café : *lun.-mar. 9h-17h, mer. 9h-23h30, jeu.-sam. 9h-0h30, dim. 9h-21h • Plats : 7-15 € (midi) et 29-30 € (dîner).*
Bar à cocktails : *mer. 17h-23h30, jeu.-sam. 17h-0h30, dim. 17h-23h • Cocktails : à partir de 13 €.*

Hôtels B&B

The Shelbourne

Luxe Plan I8

Pour un séjour mythique dans un monument de Dublin, théâtre depuis sa création en 1824 d'un défilé incessant de personnalités, stars de cinéma, politiciens et grands sportifs. Malgré l'ajout de touches modernes, la vieille dame a gardé son vieil et délicieux accent *British*. Vue merveilleuse sur St Stephen's Green.

27 St Stephen's Green North • ☎663 4500 • www.marriott.fr • À partir de 450 €.

Shopping Cadeaux

MoMuse

Accessoires 12 Plan H7

Dans la boutique, l'ambiance est plutôt cosy. Les accessoires sont made in Ireland et finis à la main par Margaret O'Rourke, créatrice de bijoux et propriétaire du magasin : boucles d'oreilles avec des cubes bleus Swarovski, bracelets en perles de cristal, etc. Si vous hésitez, Margaret sera ravie de vous conseiller.

Powerscourt Centre, 59 South William Street (r.-d.-c.) • ☎707 1763 • www.momuse.ie • Lun.-sam. 10h30-18h, dim. 13h-17h • Bijoux : 45-65 €.

Wall & Keogh

Kennedy & McSharry

Mode homme

13 Plan H7

Dans cette très sérieuse maison traditionnelle, vous trouverez de solides pardessus, des pulls et des écharpes pure laine, des casquettes et des chapeaux traditionnels, ainsi qu'une sélection de cravates. Tout ce dont un gentleman a besoin pour parfaire son style et soigner son élégance !

Powerscourt Centre, 59 South William Street • 677 8770 • www.kennedymcsharry.ie • Lun.-sam. 10h-18h, dim. 13h-17h • Écharpes : à partir de 40 €.

Wall & Keogh

Thés

14 Plan C5

Ce petit salon de thé est tenu par une bande de passionnés qui pioche avec amour dans les dizaines de pots en verre remplis de feuilles d'exception. Grâce à la section à emporter, il est possible de repartir avec ces thés bio de caractère ou l'un des mélanges maison. On fait son choix entre le thé blanc Shou Mei aux notes de bambou, le très référencé « Life of Brian », thé vert agrémenté de papaye, réglisse et camomille, ou encore l'enchanteur « Unicorn tears », rooibos fermenté teinté de miel et de framboises.

45 Richmond Street South • 475 9052 • www.wallandkeogh.com • Lun.-ven. 8h-17h, sam.-dim. 9h-18h • Thé : 8 €/100 g.

Om Diva

Mode femme

15 Plan H7

La mode dublinoise est en pleine ébullition, et ce showroom ne compte pas se satisfaire de présenter ses créateurs les plus sages. Ici, ça décoiffe ! Les couleurs sont plutôt flashy, les motifs des plus sobres aux plus tape-à-l'œil s'épanouissent sur les pulls, les robes ainsi que les tee-shirts, et les matières brillent par leur diversité. Ici, c'est également le paradis des hippies avec une collection de vêtements vintage haute en couleur !

27 Drury Street • 679 1211 • www.omdivaboutique.com • Lun.-sam. 10h-18h30 (19h30 jeu.), dim. 12h-18h.

Barry Doyle Design Jewellers

Accessoires

16 Plan H7

Dans sa boutique-atelier, Barry Doyle façonne de ravissants bijoux contemporains et d'inspiration celtique. À base d'argent, d'ors blanc et jaune ou de platine, sa colonie de bagues épurées parfois serties de pierres précieuses ou semi-précieuses et ses colliers savamment déstructurés, mais d'une grande finesse, séduiront les adeptes de l'élégance discrète.

George's Street Arcade, 30 South Great George's Street (1er étage) • 671 2838 • www.barrydoyledesign.com • Mar.-sam. 11h-18h • Bagues : en argent env. 100 €, en or à partir de 400 €.

This is Knit

Laine

17 Plan H7

Située dans le charmant Powerscourt Centre (p. 92), cette boutique est le temple des mordus de tricot. Dans la mezzanine, nombre de grilles et patrons titillent l'envie de créer, tout comme les multiples réalisations exposées. Il ne reste plus qu'à déambuler entre les rayonnages du bas pour choisir la laine parfaite pour le pull, l'écharpe ou les chaussettes

This is Knit

DIY. Des marques qui ont fait leurs preuves, comme Malabrigo, côtoient des créations locales, tels les écheveaux d'Olann, de Studio Donegal et d'Irish Artisan Yarn. Service doux comme le cachemire et expérimenté comme un jacquard cinq couleurs.

Powerscourt Townhouse Centre, South William Street • 670 9981 • www.thisisknit.ie • Mer.-sam. 11h-17h.

Weldons

Maison et déco

18 Plan I7

Cette maison sérieuse et très célèbre dans tout le pays a été fondée en 1940. Elle s'est imposée comme le leader incontestable de l'argenterie irlandaise des époques georgienne et victorienne. Dans les vitrines éblouissantes de sa boutique s'amoncellent de belles théières ventrues, des chandeliers, des plateaux ciselés, des couverts, des sauciers, des sucriers et quelques broches celtiques du

XIXe s. Les vendeurs ont de solides connaissances sur les objets et vous conseilleront parfaitement. Toutes les pièces sont d'excellente qualité et, parmi elles, des pièces très rares sont à chiner. Également des bijoux anciens.

55 Clarendon Street • 677 1638 • www.weldons.ie • Lun.-sam. 10h-17h30 • Cuillères à thé : à partir de 35 €.

Costume

Mode femme 19 Plan H7

Fondée par trois sœurs, Tracy, Leigh et Anne Tucker, en 1997, l'enseigne Costume a toujours été et restera longtemps le rendez-vous des fashion victims. La boutique vend, bien évidemment, la marque Costume, créée et fabriquée à Dublin. En principe, vous êtes assurée d'être à l'avant-garde de la mode.

10-11 Castle Market • 679 4188 • www.costumedublin.ie • Lun.-sam. 10h-18h • Robes : à partir de 300 €.

Celtic Whiskey Shop

Gourmandises 20 Plan I8

Single malt, blend, single grain… bienvenue dans le monde ésotérique du whiskey ! Pas d'inquiétude, ici, on affranchit le profane sans trop de condescendance ! Et sans patriotisme mal placé, car, en ce lieu, les whiskeys sont certes irlandais, mais aussi écossais, américains, canadiens et même japonais. Comptez 50 € pour un Bushmills de 10 ans d'âge, 130 € pour un Jameson de 8-10 ans d'âge ou 45 € pour un Locke's 8 ans d'âge, mais, attention, les prix grimpent jusqu'à 1 000 € la bouteille pour certaines raretés.

27-28 Dawson Street • 675 9744 • www.celticwhiskeyshop.com • Lun.-sam. 10h30-18h30, dim. 12h30-18h.

Kevin & Howlin

Mode homme 21 Plan I7

Chic et indémodable, la boutique Kevin & Howlin est le paradis du tweed du Donegal de la meilleure tenue. Les teintes fondues des vestes sont parfois trompeuses. En effet, les motifs et les couleurs sont nombreux. Seule la texture est la même, sèche et infroissable comme il sied à un vêtement de bonne qualité. Le service est excellent et les vendeurs sont à l'écoute !

31 Nassau Street • 633 4576 • www.kevinandhowlin.com • Lun.-sam. 10h-17h (ouv. dim. en été) • Vestes : 420-440 €;

Irish Design Shop

Designist

manteaux : à partir de 500 €; casquettes et chapeaux : à partir de 50 €.

Irish Design Shop

Artisanat 22 Plan H7

La boutique de Clare Grennan et Laura Caffrey a toujours une vitrine magnifique qui change au fil des saisons. À l'intérieur, on découvre une multitude d'articles de créateurs talentueux irlandais. Objets pour la maison, bijoux, illustrations, livres de cuisine, couvertures en laine de mouton irlandais : de quoi trouver de beaux cadeaux souvenirs.

41 Drury Street • 679 8871 • www.irishdesignshop.com • Lun.-ven. 10h-18h, sam. 10h-17h, dim. 13h-17h.

Designist

Maison et déco 23 Plan H7

Anne, Jennie et Barbara ont décidé de rassembler le meilleur du design, d'ici et d'ailleurs. Si l'œil est attiré par nombre de merveilles d'importation, on se concentre sur la richesse des pièces de créateurs locaux. À emporter dans la valise : des chaussettes amusantes et originales de la Irish Sockscietу, une jolie bougie de la marque irlandaise La Bougie Candles, des produits de beauté faits main haut de gamme Hawthorn Handmade Skincare.

68 South Great George's Street • 475 8534 • www.designist.ie • Lun.-sam. 10h-18h, dim. 12h-17h30 • Chaussettes Irish Sockscietу : env. 10 €; bougie La Bougie Candles : 25 €; kit découverte Hawthorn : 25 €.

The Donegal Shop

Artisanat 24 Plan I8

The Donegal Shop est l'un des meilleurs endroits pour trouver les pulls d'Aran tricotés à la machine. Pour les tricots main, les prix sont les mêmes qu'ailleurs. Tissus artisanaux du Donegal (les *kilcar tweeds*) ou tissages d'Eddy Doherty.

St Stephen's Green Shopping Centre • ☎ 475 4621 • www.donegalshop.com • Lun.-sam. 10h-18h, dim. 12h-18h • Pulls : à partir de 55 €.

Design Yard Gallery

Artisanat

25 Plan I7

L'artisanat irlandais contemporain a trouvé ici l'une de ses plus belles vitrines. On y découvre entre autres les verres de Peter Layton ou les merveilles d'orfèvrerie de Séamus Gill. Ne manquez pas de jeter un œil aux différentes collections de bijoux de créateurs, comme Brummé, Angela Hübel ou Diana Porter, qui renferment des pièces exquises !

25 South Frederick Street • ☎ 474 1011 • www.designyard.com • Visite sur r.-v. : lun.-mer. et ven. 10h-17h30, jeu. et sam. 10h-18h • Bijoux : à partir de 65 €.

Freebird Records

Musique

26 Plan I7

Un des meilleurs disquaires indépendants de Dublin, qui résiste depuis 1978. Dans ce petit antre underground, il y en a pour tous les goûts, du funk au reggae, en passant par la house, le rock et le hip-hop. Les amateurs de country, de punk ou de metal trouveront leur bonheur dans la boutique de Wicklow Street. Il y a du neuf et du seconde main, mais on notera surtout la bonne sélection de vinyles pour DJ. Fouinez du côté des imports et des groupes locaux autoproduits, vous y ferez peut-être une trouvaille.

15A Wicklow Street • ☎ 707 9955 • www.freebird.ie • T.l.j. 11h-18h30 (19h30 jeu.).

Fallon & Byrne

Épicerie fine

27 Plan H7

Un vrai coup de cœur pour cette épicerie fine où les Dublinois en quête de produits de grande qualité s'approvisionnent. Les fruits et légumes sont bio, en général issus de producteurs locaux. On y trouve le meilleur du bœuf irlandais, réputé pour sa tendreté. Côté poisson : du saumon bio de Clare, des huîtres de Carlingford Lough, des moules de la baie de Dublin, achetés tous les matins sur le port. Et un impressionnant rayon de charcuterie italienne et de fromages irlandais que l'on peut déguster aussi en sandwich au bar de l'épicerie.

11-17 Exchequer Street • ☎ 472 1010 • www.fallonandbyrne.com • Lun.-sam. 8h-19h, dim. 11h-19h.

Sheridans Cheesemongers

Épicerie fine

28 Plan I8

Adresse renommée pour les fromages du terroir irlandais, cette petite boutique vend aussi des condiments et des sauces aigres-douces, servis traditionnellement avec le fromage, ainsi que du saumon sauvage fumé artisanalement dans les règles de l'art.

11 South Anne Street • ☎ 679 3143 • www.sheridanscheesemongers.com • Lun.-ven. 10h-17h, sam. 10h-18h.

LE MEILLEUR DE LA LAINE

La capitale du pays des moutons sait mettre la laine à l'honneur. Dans un déluge de torsades complexes, des boutiques de mailles vendent des pulls lourds et moelleux et des écharpes douces qui se transforme-en armures de choix contre le grand froid. Les amateurs de DIY se régaleront quant à eux dans les magasins spécialisés, de véritables cavernes aux mille pelotes.

This is Knit

Aran Sweater Market

Bataille de torsades et de points plus ravissants les uns que les autres sur les créations en mérinos (majoritairement crème) de cette échoppe.

Voir p. 83, quartier 5.

This is Knit

Le paradis pour ceux qui considèrent qu'en matière de pulls « faits main » on n'est jamais aussi bien servi que par soi-même.

Voir p. 105, quartier 6.

The Donegal Shop

Cette entreprise familiale est spécialisée dans les productions du comté de Donegal, les mailles d'Aran et les tweeds traditionnels.

Voir p. 107, quartier 6.

LAINE ET TWEED

Quand on pense à l'Irlande, on sent presque sous ses doigts la rugosité des tissus, la chaleur rêche de la laine et les couleurs passées et sourdes que les artisans empruntent à la lande. Puis la laine d'Irlande se métamorphose en moelleux pull-over ou en veste solide. Entre fils et aiguilles à tricoter, en route pour l'histoire textile de l'île.

La matière du terroir

Depuis l'âge du bronze, les habitants de l'île savent filer la laine et en faire des tissus qui constitueront, au Moyen Âge, l'une des premières exportations. Feutrée, tissée, tricotée, la laine sert à s'isoler du froid et de la pluie. Huilée avec de la graisse de mouton, elle devient imperméable et résiste aux intempéries.

Le tweed du Donegal

Chaque partie de l'île fabriquait, dans ses ateliers, un tweed bien particulier, dont le plus célèbre est celui du Donegal. Le village d'Ardara concentre le plus de tisserands. Il était, autrefois, le siège d'une importante foire où les négociants venaient de très loin. Le savoir-faire avait été importé d'Écosse et d'Angleterre par une riche Anglaise qui voulait ainsi développer la région.
Plus au sud, à Foxford, dans le comté de Mayo, outre les tweeds, on produit aujourd'hui des plaids. Réputé pour son imperméabilité et sa résistance, le tweed est aussi apprécié pour ses couleurs chatoyantes.

Aux couleurs de la nature

Les moutons sont tondus en été. La laine est alors lavée, puis teinte à l'aide de colorants naturels obtenus à partir des plantes de la région. Ainsi, le lichen du granit donne un beau rouge sombre, tandis que la suie de tourbe produit un brun-jaune. Pour un jaune plus vif, il faut de la bruyère ; et pour le marron, des racines de mûrier. L'épine noire, l'iris et l'ajonc sont également utilisés. La teinture est fixée grâce à du tanin de chêne, qui remplace l'ammoniaque dérivée de l'urine employée autrefois. Chaque artisan a ses propres secrets et mélanges pour créer ses couleurs. Sachez toutefois que l'emploi de colorants chimiques est de plus en plus répandu. Une fois teinte, la laine est filée et mise en grosses bobines que l'on utilise sur les métiers à tisser. Les types de tweeds obtenus varient selon le mode de tissage. Dans le Donegal, on trouve trois grandes familles de tweed : les chevrons ton sur ton, les chinés relevés de petits éclats de couleur et les écossais fondus reprenant des motifs séculaires.

Des tricots pour les marins

Ce sont les îles d'Aran qui ont rendu célèbres les tricots irlandais aux points compliqués. Devenus presque un emblème national, ils se tricotent également ailleurs, aussi bien dans le Nord que dans l'Ouest. Il s'agit à l'origine de pull-overs destinés aux marins. Les différents points de tricot ont une symbolique précise. Le nid-d'abeilles est un signe positif, faisant référence à la nature industrieuse de l'insecte, toujours admiré pour son travail. D'autres prétendent que voir un essaim d'abeilles avant d'embarquer garantit une bonne pêche. Les points en diamant (losanges) symbolisent la richesse et le succès. Les torsades garantissent la chance et la sécurité en mer. Le motif de vannerie représente le panier du pêcheur plein de poissons. Le double zigzag figure les méandres, les hauts et les bas du mariage. L'arbre de vie, avec ses ramifications, symbolise la force des fils et l'unité familiale.

La marque de famille

Conjugués à l'infini, ces motifs racontent une histoire. Sur les îles d'Aran, chaque famille avait sa propre combinaison qui l'identifiait à coup sûr. Les femmes se la transmettaient de génération en génération. Cela permettait de reconnaître les corps de marins noyés. ■

This is Knit (p. 105)

Modèle unique

Vous avez un coup de foudre pour un motif de pull d'Aran, tricoté main ? Sachez que l'avantage des pulls tricotés main, c'est qu'ils sont tous en principe différents, soit par la déclinaison des motifs, soit par la couleur, soit par la forme du col. C'est ce qui en fait le charme, et vous avez alors la garantie de posséder un article totalement unique.

7

DE MERRION SQUARE À GRAND CANAL

À partir de Merrion Square, et de son *green* charmant, voici une promenade dans le Dublin des squares georgiens, symboles du triomphe de l'élite anglo-protestante au XVIIIe siècle. Ce quartier résidentiel et très chic abrite les grandes institutions politiques (gouvernement et Parlement irlandais) et culturelles (Galerie nationale et musée national d'Archéologie) du pays.

Maison d'Oscar Wilde, Merrion Square

1 Merrion Square✦✦

Ce vaste square georgien évoque le Dublin du début du XIXe s. avec ses hautes maisons de ville en brique, ses portes colorées et ses grilles en fer forgé. De nombreuses célébrités ont vécu ici, dont W. B. Yeats et Oscar Wilde. La statue de ce dernier, réalisée avec 40 variétés de pierres fines, est la curiosité du parc (angle nord-ouest). Nonchalamment allongé sur un rocher, il adresse un sourire sarcastique à sa maison de famille, située juste en face au n° 1.

2 Museum of Natural History✦✦

Vieilles vitrines, parquet grinçant… voilà un musée qui a peu changé depuis son ouverture en 1857. Et c'est tant mieux ! Les zoologistes en herbe y trouveront leur compte : plus de 10 000 spécimens de la faune irlandaise et du monde entier y sont exposés, du cerf géant de Monaghan au tigre du Népal. Les amateurs de magie aussi : la découverte de la sublime galerie supérieure, comme animée de milliers de regards furtifs, est un moment inoubliable.

Merrion Street Upper • ☏677 7444 • www.museum.ie • Mar.-sam. 10h-17h, dim.-lun. 13h-17h • Accès libre • F. pour travaux.

3 National Museum of Archeology✦✦✦

Inauguré en 1890, le musée national d'Archéologie abrite, dans un bel édifice victorien, une riche collection d'objets retraçant l'histoire de la civilisation irlandaise de 7000 av. J.-C. au XIIe s. de l'ère chrétienne.

Le musée

Le bâtiment impressionne par sa grande rotonde Renaissance – conçue sur le modèle du Panthéon de Rome – et sa galerie à colonnade qui fait office de vestibule. Son élégante mosaïque de pavement, illustrant les signes du zodiaque, inaugure une série dédiée à la mythologie grecque et romaine à retrouver dans tout le musée. Cheminées de majolique, porte en bois sculpté et céramiques décoratives complètent la riche décoration du musée.

La galerie centrale

La visite débute par un voyage dans l'Irlande préhistorique : armes et outils, reconstitution d'une tombe typique, mais aussi l'une des plus belles collections d'objets en or d'Europe avec torques, fibules et autres bijoux précieux.

Le trésor

Cette galerie retrace le développement de l'art irlandais, de l'arrivée des premiers peuples celtes à la fin du XIIe s. de notre ère. C'est là que sont présentés la croix de Cong, créée en 1123 à la demande de Turlough O'Conor, grand roi d'Irlande, pour enchâsser un fragment de la vraie Croix, ainsi que le Faddan More Psalter, un livre des Psaumes datant du IXe s. et conservé pendant douze siècles dans l'épaisseur d'une tourbière.

Pause bio : Ely Wine Bar

Adresse coup de cœur, ce bar à vins sert aussi à manger toute la journée, snacks ou plats traditionnels le midi, cuisine plus élaborée le soir. Le bœuf et le porc sont bio, et viennent de leur ferme située dans le Burren, dans le comté de Clare. La carte des vins compte plus de 400 crus différents. Essayez l'*organic beef carpaccio* et les fromages irlandais d'exceptionnelle qualité.

58 plan D4 • *22 Ely Place • ☏676 8986 • www.elywinebar.ie • Mer.-jeu. 17h-21h30, ven.-sam. 13h-22h30 • Plats : 8,50-25 €; verres de vin : 7-15 €.*

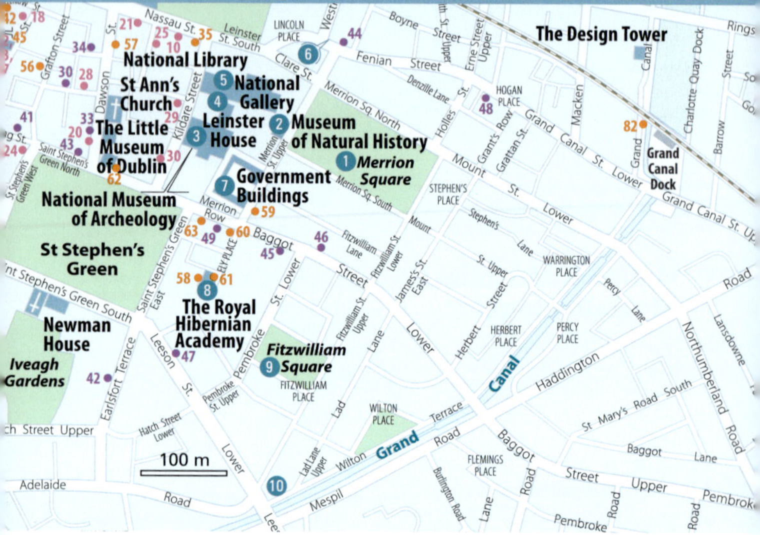

Royauté et sacrifice

Les amateurs de macabre ne manqueront pas les « *bog bodies* », ces corps, victimes de sacrifices païens (400-200 av. J.-C.), retrouvés presque intacts dans la boue des marais d'Old Croghan en 2003. Ces « corps des marais » sont exposés à côté des armes, insignes, harnachements de chars et vêtements retrouvés lors des fouilles.

L'Irlande des Vikings

L'invasion et le mode de vie des Vikings en Irlande sont évoqués à travers une collection d'armes, d'objets funéraires et même de jeux, provenant pour l'essentiel de tombes vikings découvertes entre autres à Kilmainham. À découvrir encore, les répliques grandeur nature de l'habitat viking à Dublin et la fabrication des objets précieux en or et en argent.

Égypte ancienne

Bijoux, momies, amulettes, urnes funéraires, statuettes, etc. Parmi les curiosités à ne pas manquer dans ces salles, une remarquable embarcation du Nil avec sa foule de rameurs (IIe s. av. J.-C.) et le sarcophage peint et doré de la momie Tentdinebu (vers 945-716 av. J.-C.).

Kildare Street • 677 7444 • www.museum.ie • Mar.-sam. 10h-17h, dim.-lun. 13h-17h • Accès libre.

4 Leinster House✦

L'imposant bâtiment, qui occupe le fond de la cour entre le National Museum et la National Library, abrite depuis 1922 les débats du Parlement irlandais (Chambre des députés et Sénat). Cette grandiose demeure était à l'origine celle du duc de Leinster. On dit que l'architecte de la Maison-Blanche s'en inspira. La façade arrière qui donne du côté de Merrion Square est la plus impressionnante, avec ses immenses pelouses. L'ensemble évoque l'époque georgienne et son élégance.

Kildare Street • Ne se visite pas.

5 National Gallery✦✦✦

Maîtres espagnols du Siècle d'or, luministes flamands, peintres de la Renaissance italienne… les collections de la National Gallery sont prodigieuses ! Mais pour beaucoup invisibles, faute de place. Vous pourrez, au gré des accrochages, croiser Rembrandt, Velázquez, Mantegna, Poussin ou encore le Caravage et sa sublime *Arrestation du Christ* (1602). De son côté, la galerie irlandaise permet de découvrir la peinture moderne de John Lavery et de Jack B. Yeats.

Peinture irlandaise

Niveau 1, salles 14 à 22

Consacrée à l'art irlandais du XVIIIe au XXe s., cette galerie présente une sélection de portraits, de paysages et de scènes urbaines. On peut y voir des toiles inspirées de l'école de Pont-Aven, comme *La Jeune Bretonne* (1895) et *The Farm at Lezaven, Finistère* (1894), de Roderic O'Conor, ou *Market Day, Finistère* (1882), de Harry Jones Thaddeus. À ne pas manquer, le grand portraitiste John Lavery et son sublime *Portrait of Lady Lavery as Kathleen Ni Houlihan* (1928). La Long Gallery présente les œuvres de Jack B.

National Gallery

Sweny's

Yeats – frère de William, le célèbre poète –, figure incontournable de la peinture irlandaise du XXᵉ s. Si *For the Road* ou *A Morning in the City* témoignent du style expressionniste de l'artiste, caractérisé par l'emploi de couleurs vives, l'effet de mouvement est tout aussi saisissant dans *The Singing Horseman* (1949).

Peinture européenne

Niveau 1, salles 1 à 5
Niveau 3, salles 25 à 48

Les différentes écoles européennes sont représentées dans ces salles à travers un accrochage chronologique. La collection italienne s'ouvre avec *L'Arrestation du Christ*, du Caravage, l'œuvre la plus célèbre de la galerie, et comprend aussi Titien (*Ecce Homo*, 1558-1560) et Mantegna (*Judith avec la tête d'Holopherne*, vers 1495). Chez les Flamands, on s'arrêtera devant le *Mariage paysan* de Peter Brueghel le Jeune, la *Main chaude* (1628), de Rembrandt, et *Une femme écrivant une lettre et sa servante* (1670), de Vermeer. Principalement religieuse, la collection espagnole réunit des œuvres de Goya, Murillo et Zurbarán. Du côté des peintres français, rien de moins que Millet, Poussin, Fragonard et Picasso, dont la *Nature morte avec mandoline* côtoie les paysages impressionnistes de Monet et Sisley.

Clare Street • ☎ 661 5133 • www.nationalgallery.ie • Dim.-lun. 11h-17h30, mar.-mer. et ven.-sam. 9h15-17h30, jeu. 9h15-20h30 • Accès libre.

6 Sweny's⁺⁺

A priori, Sweny's n'est qu'une vieille boutique remplie de fioles d'apothicaire, mais pour les fans d'*Ulysse*, le roman de James Joyce, c'est la pharmacie la plus importante au monde ! En effet, c'est ici que Leopold Bloom, le héros, rencontre le pharmacien Sweny, puis repart avec un savon au citron, talisman de son épopée dublinoise. Les sympathiques personnes qui animent aujourd'hui le lieu donnent des lectures des œuvres de Joyce (en anglais et en français) et vendent le fameux savon au citron (5 €).

1 Lincoln's Place • ☎ 083 457 9688 et ☎ 087 228 1570 • www.sweny.ie • T.l.j. 11h-17h.

7 Government Buildings✦

Cet imposant édifice protégé derrière de hautes grilles abritait, au début du XXe s., le Royal College of Science. Il est désormais le siège de différents ministères, et le *Taoiseach* – ou Premier ministre – y a son bureau.

Merrion Street Upper • ☏619 4000 • www.gov.ie/taoiseach • Visite guidée sam. à 10h30 et 12h (vérifier au préalable sur le site Internet, rubrique « Tour of Government Buildings ») • Ticket gratuit à la National Gallery le matin même.

8 The Royal Hibernian Academy✦✦

Dans l'ordonnancement de cette rue georgienne, le cube blanc de la RHA Gallagher Gallery fait l'effet d'un coup de tonnerre. Sur trois niveaux baignés d'une lumière zénithale, cette vénérable institution présente ici la crème de la création contemporaine irlandaise et internationale. Depuis 190 ans, pendant deux mois à partir de la fin mai, l'exposition annuelle montre au public les œuvres des membres de l'Académie et celles d'artistes invités.

Gallagher Gallery, 15 Ely Place • ☏661 2558 • www.rhagallery.ie • Lun.-sam. 11h-17h (18h30 mer.), dim. 12h-17h • Accès libre.

9 Fitzwilliam Square✦

Fitzwilliam est un peu la quintessence du square georgien : uniforme, rectiligne, austère, mais pas sans grandeur. Des grands squares du XVIIIe s., c'est le dernier à voir le jour (1791-1828), après les squares de Mountjoy et de Parnell au nord de la Liffey, et celui de Merrion au sud. Comme souvent, la vraie perle est au centre, dans son magnifique parc, dont la ceinture boisée a été conservée intacte depuis les années 1800. Un terrain de jeu idéal pour une promenade façon *gentry*.

10 Grand Canal Walk✦✦

Ce canal, creusé à la fin du XVIIIe s. pour relier la côte ouest à Dublin par la rivière Shannon, était, à l'époque, le plus long

Dublin Canals

Dublin a deux grands canaux – Grand Canal et Royal Canal –, construits aux XVIIIe et XIXe s. pour alimenter les minoteries et les fonderies de la capitale ainsi que son commerce maritime. Longer Grand Canal à pied ou à vélo vous permettra de découvrir certains quartiers georgiens ou de rejoindre les modernes Docklands. On peut aussi faire du paddle ou du canoë pour explorer Royal Canal.

Grand Canal et Royal Canal • www.dublincanals.org • Liste d'activités et événements sur le site Internet.

du Royaume-Uni. Il n'est plus utilisé pour le commerce fluvial depuis 1960, mais il est devenu l'une des plus agréables balades de la capitale, en particulier entre Mount Street et Leeson Street. Berges herbues, peintres amateurs, pêcheurs, enfilades de maisons georgiennes en font un parcours préservé. Le long de la rive, notez la statue très réaliste d'un homme sur un banc : c'est l'écrivain Patrick Kavanagh, qui venait ici composer des poèmes.

Accès par Leeson Street Lower.

Restos Bistrots

Patrick Guilbaud

Gastronomique 59 Plan D4

Considéré comme le meilleur chef de Dublin, Patrick Guilbaud officie au rez-de-chaussée du très chic hôtel Merrion. La salle à manger est particulièrement élégante, ornée de belles toiles de l'école de Pont-Aven. La cuisine française est irréprochable, même si elle peut parfois manquer d'audace. Le foie gras, le homard, l'agneau du terroir ne déçoivent pas, mais l'addition dépasse allègrement les 100 €.

21 Upper Merrion Street • 676 4192 • www.restaurantpatrickguilbaud.ie • Mar.-ven. 12h30-14h et 19h-21h, sam. 13h-14h et 19h-21h • Menus : 90-185 €.

Etto

International 60 Plan D4

C'est l'adresse préférée des amateurs de la gastronomie irlandaise moderne. Plutôt cosy avec seulement quelques tables, on y mange toujours très bien et le personnel est aux petits soins. Le menu mêle saveurs italiennes et produits irlandais : moules à la sauce *'nduja* et au maïs, gnocchis au fromage Fontina et champignons. La côte de bœuf irlandaise avec ses accompagnements divins est à ne pas manquer !

18 Merrion Row • 678 8872 • www.etto.ie • Lun.-mer. 12h-21h30, jeu.-ven. 12h-22h, sam. 12h30-22h • Moules : 16 €; gnocchis : 24 €; côte de bœuf irlandaise : 84 €.

Margadh

Café et bar à vins 61 Plan D4

Café et bar à vins au décor minimaliste dans le cadre de la RHA Gallery (p. 117). Au déjeuner, on peut y prendre un sandwich au saumon fumé irlandais ou au jambon fumé et fromage Gubbeen de Cork. Havre de paix pour une pause-café et une douceur sucrée l'après-midi, on y partage le soir venu le menu dégustation, qui comprend de savoureuses petites assiettes : huîtres du Connemara au vinaigre japonais, magret de canard de Skeaghnore…

RHA Gallery, 15 Ely Place • 547 5419 • www.margadhfoodandwine.ie • Lun.-mar. 11h-17h, mer.-sam. 11h-22h, dim. 12h-17h • Sandwichs (midi) : 12-14 €; menu dégustation : 42 €.

Peploe's

Bistrot à vins 62 Plan I8

Qualifié de bistrot à vins, ce restaurant smart, mais décontracté, possède un certain cachet avec ses tonneaux à vin et sa longue fresque colorée. On s'y régale de viande et de poisson. Belle carte des vins avec 150 références.

16 St Stephen's Green • 676 3144 • www.peploes.com • Lun.-jeu. 12h-22h, ven.-sam. 12h-23h • Menus midi : 40 € (2 plats) et 45 € (3 plats); à la carte, viande ou poisson : env. 28-40 €.

Bang

International 63 Plan D4

Dans ce restaurant au cadre moderne élégant, la carte fusionne des ingrédients de qualité irlandais (huîtres de Kelly's Galway, porc d'Andarl, fromages fermiers) et de la cuisine internationale. Laissez-vous tenter par le *scotch egg* au boudin noir irlandais et à l'œuf de caille ou par la croquette de tapioca et fromage de chèvre Killeen à la mayonnaise à l'ail et au miso. On commande le gigot d'agneau irlandais à partager en cas de grosse faim.

11 Merrion Row • 400 8872 • www.bangrestaurant.com • Lun.-mer. 17h-21h30, jeu. 12h30-15h et 17h-21h30, ven. 17h-23h, sam. 13h-15h et 16h-23h • Scotch egg *ou croquette de tapioca : 6 €.*

Bars, clubs Sorties

The Ginger Man

Pub traditionnel 44 Plan D3

Un pub qui devient plutôt animé à l'heure de sortie des bureaux, mais qui est aussi joyeusement fréquenté par les étudiants de Trinity College. La petite terrasse à l'avant devient souvent un *beer garden* qui s'étend le long de la rue quand le soleil montre son nez. Ici, on ne prend pas les fêtes à la légère, c'est l'un des pubs les plus festifs de la ville au mois de décembre : une véritable maison du père Noël ! Les décorations pour la Saint-Patrick et Halloween sont à voir absolument.

39-40 Fenian Street • 676 6388 • Mar.-jeu. et dim. 16h-minuit, ven.-sam. 12h-0h30.

Toner's

Pub traditionnel 45 Plan D4

C'est l'un des pubs les plus anciens de Dublin, datant de 1734. Une adresse très populaire et chaleureuse, avec une clientèle locale, et toujours très animée le week-end. La salle du rez-de-chaussée est cosy avec son *snug* (une partie privative), tandis que l'immense *beer garden* se remplit vite les jours de beau temps. Vous pouvez y commander une pizza napolitaine préparée et cuite au feu de bois par le restaurant italien d'à côté.

139 Baggot Street Lower • 676 3090 • www.tonerspub.ie • Lun.-jeu. 10h30-23h30, ven.-sam. 10h30-0h30, dim. 11h30-23h30 • Pizzas : 12-16 €.

Doheny & Nesbitt's

Pub traditionnel 46 Plan D4

Antre des hommes de loi et des politiques, ce vieux pub a conservé son architecture victorienne, ses cloisons en bois et son bar en acajou. Installés au comptoir, les clients réguliers s'y livrent à d'interminables débats sur les sujets d'actualité dans une lumière douce et tamisée.

4-5 Lower Baggot Street • 676 2945 • www.dohenyandnesbitts.ie • Lun.-mer. 9h-23h30, jeu.-sam. 9h-1h, dim. 10h30-minuit • Pinte de Guinness : 6 €.

The Sugar Club

Bar et spectacles 47 Plan D4

C'est à la fois un bar de nuit réputé pour ses fameux cocktails et une salle qui dégage une atmosphère de cabaret, avec ses boiseries et ses banquettes de velours rouge. La programmation est variée mais inégale. Spectacles comiques, projections de films, concerts de rock, de jazz, de funk ou de musique latino, mix de DJs, etc.

8 Lower Leeson Street • 678 7188 • www.thesugarclub.com • Place : à partir de 10 €.

O'Donoghue's

The Square Ball

Bar à sport 48 Plan E4

Dans ce bar, on met les jeux à l'honneur, que ce soient les jeux de société, un bingo ou un match de sport : c'est l'amusement garanti ! À première vue, ça ressemble à un pub typique avec ses banquettes et tabourets un peu démodés, mais au fond vous trouverez un bar à sport avec des écrans. Compétition de mangeurs d'ailerons de poulet, *pub quiz*, il s'y passe toujours quelque chose ! Vous pouvez aussi y manger des spécialités de poulet, burgers et hot-dogs.

45 Hogan Place • ☎662 4473 • Mar.-jeu. 16h-23h30, ven. 16h-0h30, sam. 12h-0h30, dim. 12h-23h • Plats : 14-25 €.

O'Donoghue's

Pub traditionnel 49 Plan D4

Voici l'un des plus célèbres pubs traditionnels de la ville, et pour cause : The Dubliners, qui ont remis le folk à la mode dans les années 1960, y ont fait leurs débuts. Musique live tous les jours ; soyez prêt pour la joyeuse bousculade, car ce lieu incontournable est toujours bondé. Les Dublinois le fréquentent encore, bien que les touristes y soient de plus en plus nombreux. L'ambiance est chaleureuse et enthousiaste, et l'on ne s'en lasse jamais.

15 Merrion Row • ☎660 7194 • www.odonoghues.ie • Lun.-jeu. 10h-minuit, ven.-sam. 10h-1h, dim. 11h-23h30 • Musique lun.-mer. et ven. à partir de 20h30, jeu. 13h-15h et à partir de 20h30, sam. 17h-minuit, dim. 13h-23h • Pinte de Guinness : 6 €.

Hôtels B&B

N° 31

Charmant Plan D4

Voici notre adresse préférée, discrètement cachée derrière un grand portail. Conjuguez une belle demeure georgienne et son jardin japonais à une annexe à l'architecture claire et contemporaine, et vous avez un ensemble au charme rare.

31 Leeson Close • ☏ 676 5011 • www.number31.ie • De 190 à 350 €.

Baggot Court

Calme Plan D4/E4

À 5 min de St Stephen's Green, très proche du centre, dans le quartier georgien, une maison très calme à la déco sobre et reposante. La chambre la plus chère a sa kitchenette, toutes sont équipées du meilleur confort.

92 Lower Baggot Street • ☏ 661 2819 • www.baggotcourt.com • De 90 à 150 €.

Shopping Cadeaux

Gallery 29 Vintage Posters

Maison et déco 29 Plan I8

Dans la catégorie « Affiches d'époque », John Rogers n'a pas de rival sur les rives de la Liffey. Vous ne trouverez ici aucune reproduction, seulement de l'original, d'Irlande – les pubs touristiques des années 1950 sont irrésistibles –, de Russie, de Pologne, d'Angleterre et des États-Unis. La collection change régulièrement, en fonction des trouvailles du propriétaire. Bref, des centaines d'affiches épatantes et classées par thèmes : music-hall et théâtre, films, produits alimentaires, voyages…

29 Molesworth Street • ☏ 642 5784 • www.gallery29.ie • Mar.-sam. 10h-17h30 • Affiches : entre 300 et 500 € selon la rareté et l'état de conservation.

Cleo

Artisanat 30 Plan I8

En matière de vêtements irlandais traditionnels, Cleo est incontournable. Les meilleurs stylistes irlandais, fidèles à la confection artisanale et à l'emploi des fibres naturelles que sont la laine et le lin, déclinent, dans des coupes élégantes et de jolis coloris, capes avec écharpes, gilets à gros boutons, vestes et chemises traditionnelles de pêcheurs ou de fermiers, pulls d'Aran, ceintures, chapeaux et châles. Les prix sont élevés, mais justifiés par la qualité des articles.

18 Kildare Street • ☏ 676 1421 • www.cleo-ltd.com • Lun.-sam. 9h30-17h30, dim. 11h-17h30 • Pulls en laine : env. 180-500 €.

LES MEILLEURS PUBS MUSICAUX

L'Irlande s'est forgé une tradition musicale et ce n'est pas un hasard si la harpe, instrument de prédilection des clans gaéliques, est l'un des emblèmes du pays depuis des siècles. Attaché à son héritage, Dublin fait place à la musique, jusque dans ses pubs. Entre les *ballads*, ces chants de protestation, les morceaux *a cappella* et la musique de danse, qui accompagne le rythme des claquettes, allez découvrir ce riche univers sonore dans l'une des bonnes adresses de la ville.

The Cobblestone

O'Neill's

Chaque soir, ce pub survolté du quartier de Trinity College s'anime de musique live ou d'un *Riverdance show*.

Voir p. 79, quartier 5.

O'Donoghue's

Dans ce bar décoré de dessins et photos d'artistes irlandais, vous pourrez écouter de la musique live tous les jours.

Voir p. 121, quartier 7.

The Cobblestone

La famille Mulligan est toute dédiée à la musique irlandaise, entre la programmation haut de gamme des concerts et les cours du mercredi soir, ouverts à tous.

Voir p. 149, quartier 10.

BALADE À PIED : DE PORTOBELLO À CLANBRASSIL STREET, AU FIL DE GRAND CANAL

Le long de Grand Canal, ce quartier s'est développé au XVIIIe siècle autour de Richmond Street. Portobello devint le quartier juif au cours du XIXe siècle et fut surnommé « Little Jerusalem ». Devenu ces dernières années un lieu de résidence prisé des artistes, il est considéré comme un des quartiers les plus cool de la ville. Il est bon de flâner le long de Grand Canal et d'admirer les rues pittoresques qui le bordent, mais aussi d'y visiter ses nombreux commerces de bouche alentour.

Grand Canal à Portobello Harbour

Départ de Portobello Lock

Le petit port de Portobello, avec son écluse, date de 1801. Il était le dernier arrêt pour les barges qui voyageaient au fil de Grand Canal à cette époque. De nos jours, c'est un lieu de rendez-vous des Dublinois, qui prennent l'apéritif ou pique-niquent le long du canal durant les mois d'été. Dirigez-vous vers Lennox Street pour un arrêt à la Bretzel Bakery, une des plus anciennes boulangeries de Dublin, fondée en 1870. Puis, sur Synge Street, vous verrez la maison (nº 33) où l'auteur George Bernard Shaw est né. Il y a de jolies maisons le long de Harrington Street, ainsi que l'église gothique Saint-Kevin (1872).

On arpente ensuite les petites rues (Stamer Street, Walworth Road,

INFORMATIONS PRATIQUES

- Trajet d'environ 2,5 km
- Durée : 1h
- Difficulté : aucune

St Kevin's Road) en direction du Irish Jewish Museum (3 Walworth Road). Le bâtiment où se trouve le musée était l'ancienne synagogue, qui fut construite dans les années 1870 pour accueillir les membres de la communauté juive. Le musée présente aujourd'hui une collection d'objets qui retrace l'histoire des juifs irlandais.

Le long de Grand Canal

Dirigez-vous vers le sud pour rejoindre Grand Canal : vous pouvez le longer pour une promenade paisible et voir les cygnes. L'aménagement du canal fut achevé en 1803 ; connectant le centre de Dublin à la rivière Shannon, il était nécessaire pour le transport de marchandises et de personnes avant l'arrivée des lignes ferroviaires. Au coin de Portobello Road et Bloomfield Avenue, le restaurant Locks, fréquenté par les meilleurs chefs de la ville, est un excellent endroit pour déguster de la cuisine contemporaine irlandaise. Un classique du dimanche midi !

Portobello Lock

En remontant au nord

Marchez le long de Bloomfield Avenue pour admirer les magnifiques demeures en briques rouges et leurs jolis jardins. Au bout de l'avenue, tournez à gauche sur South Circular Road pour rejoindre le carrefour avec Clanbrassil Street : ce coin regorge de cafés, bars et restaurants en tout genre. ■

Pour faire une pause gourmande

Bretzel Bakery : pain au levain, viennoiseries, sandwichs à emporter.
1A Lennox Street; plan C5 • 475 9445 • Lun.-ven. 8h-16h, sam.-dim. 9h-16h.

Lennox Street Grocer : épicerie fine, café, gâteaux.
38 Lennox Street; plan C5 • 87 765 9239 • Lun.-mer. 8h-18h, jeu.-sam. 8h-19h, dim. 9h-18h).

Locks : restaurant gastronomique irlandais.
1 Windsor Terrace; plan C5 • 416 3655 • Mer.-jeu. 17h30-21h30, ven.-sam. 12h30-14h30 et 17h30-21h30, dim. 12h-16h.

Gaillot et Gray : boulangerie-café en journée, pizzéria le soir.
59 Clanbrassil Street Lower; plan C4 • 454 7781 • Mar.-mer. 8h-21h, jeu.-sam. 8h-22h.

L'ARCHITECTURE GEORGIENNE

Parmi les traces laissées par les Vikings et les Anglo-Normands dans le tissu urbain, l'empreinte georgienne constitue l'architecture la plus unitaire et la plus caractéristique de Dublin. Elle nous raconte l'âge d'or de la ville qui s'étendit tout au long du XVIIIᵉ siècle sous les règnes de George II et George III d'Angleterre. Alors aux mains d'une classe dirigeante anglo-protestante, la deuxième ville de l'Empire britannique, après Londres, se pare d'élégants monuments, de demeures aux intérieurs somptueux et de ravissants jardins dans lesquels on se plaît encore à flâner.

Des plantations à la domination

À l'origine, la colonisation par les Anglo-Normands chrétiens est encore disparate et plutôt pacifique. Mais, avec le schisme anglican, la domination anglaise qui s'affirme s'accompagne d'un conflit religieux entre ceux qui prêtent allégeance à la Couronne ainsi qu'à la nouvelle religion, et les réfractaires, Gaëls mais aussi Anglo-Normands de souche qui veulent rester catholiques et soutiennent les prétendants opposés à la reine d'Angleterre, Élisabeth Iʳᵉ. Les guerres coloniales commencent, et l'on procède à la politique dite « des plantations » : les terres sont enlevées aux catholiques irlandais et attribuées à des colons anglo-protestants en remerciement de leur soutien. La domination anglaise s'affermit, pacifiant l'île sous un joug de fer. Les villes prennent leur essor et se lancent dans les affaires. Sous le règne de George III, au XVIIIᵉ s., Dublin, qui est aux mains des protestants, s'organise et entre dans son âge d'or.

Monuments, parcs et portes

L'élite de la société anglo-protestante possède la terre et occupe tous les postes importants. Il lui faut une urbanisation à l'image de son raffinement et de ses racines anglaises. Le

Fitzwilliam Square

résultat sera la ville georgienne dont il reste quelques gracieux témoignages de styles palladien et néoclassique. L'idée générale s'inspire de l'Antiquité classique, avec une rigueur géométrique et une uniformité presque austère, relevée par des détails décoratifs. On utilise ainsi largement les frontons, les colonnes, les frises et les moulures élaborées. En Angleterre, le plus célèbre architecte de ce style est Inigo Jones, qui s'est fortement inspiré de l'architecte florentin Andrea Palladio. À Dublin, ne manquez pas la **Custom House** (p. 150), **Four Courts** (plan C3) ou la **Bank of Ireland** (p. 78), réalisés en partie par l'architecte dublinois en vogue à l'époque, James Gandon. Les *squares* sont un autre aspect de cette urbanisation. Agrémentés de jardins verdoyants à l'anglaise, ils sont bordés de hautes maisons en brique toutes identiques, à quelques détails près. Parmi les plus beaux de la ville, on compte **Merrion Square** (p. 112), **Fitzwilliam Square** (p. 117) ou **St Stephen's Green** (p. 88). Ils sont le cadre des promenades de la *gentry*. Enfin, les rangées de maisons attenantes toutes semblables, que l'on différencie par leur porte, sont une autre particularité de la ville georgienne. Ces portes, peintes de couleurs flamboyantes, sont d'ailleurs l'une des images phares de Dublin.

La maison georgienne

Elle s'organise en hauteur sur plusieurs niveaux. Le sous-sol est réservé à la cuisine, au cellier et parfois à une pièce pour la gouvernante. On accède au rez-de-chaussée par un perron bordé de grilles de fer forgé. Certaines maisons ont conservé sur le côté de l'entrée les traditionnels grattoirs à chaussures, les rues étant au XVIIIe s. très boueuses. L'étage noble de la maison est le premier : c'est là que se trouve la plus belle pièce de réception, une salle à manger ou un salon imposant, haut de plafond et orné de motifs en stuc. De l'extérieur, on remarque cette hiérarchie à la taille des fenêtres et aux balcons compliqués qui les ornent. Au deuxième étage se trouvent les chambres des maîtres de maison (on fait chambre à part), le cabinet de toilette et le boudoir de madame. Au-dessus encore, la nurserie jouxte la chambre de la nanny, tandis que les combles abritent les domestiques. ■

Manoir de ville

Parmi les plus belles demeures georgiennes de Dublin, celle de Hugh Lane, aujourd'hui transformée en musée d'Art moderne (p. 140), permet de mesurer le raffinement des grands hôtels particuliers. Le hall et la cage d'escalier, avec leurs colonnes et moulures, sont d'une rare élégance.

THE LIBERTIES ET SES DISTILLERIES

8

En bordure du cœur médiéval, ce quartier populaire profita de droits *(liberties)* spécifiques à l'époque de la domination anglaise. Longtemps triangle d'or du whiskey, la zone fut délaissée avant de revivre, depuis plusieurs années, sous l'impulsion de nouvelles distilleries et d'un mouvement de gentrification. Le quartier fut également marqué par Edward Guinness et toute la dynastie brassicole. C'est encore le cas aujourd'hui grâce au musée consacré à la bière préférée des Irlandais.

Saint Patrick's Cathedral

❶ St Patrick's Cathedral✦✦

Construite à proximité d'un puits où saint Patrick aurait donné le baptême aux premiers pratiquants, au Vᵉ s., le plus vieux site chrétien d'Irlande n'était à l'origine qu'une petite chapelle de bois. Élevée au rang de cathédrale en 1191, la plus grande église de l'île fut érigée en pierre au XIIIᵉ s., sous l'impulsion de l'évêque anglo-normand John Comyn. Les dommages infligés par les siècles, les conflits religieux et les flammes mirent en péril l'édifice, mais, grâce aux dons de la famille Guinness, Saint-Patrick fut restaurée au XIXᵉ s. et dotée, au XXᵉ s., d'un joli parc pour la mettre en valeur.

Péripéties d'un monument

La première université d'Irlande s'y installa au XIVᵉ s. Retournée au culte deux siècles plus tard, elle devint l'église des petites gens, par opposition à Christ Church, fréquentée, notamment, par la bourgeoisie anglaise. Cromwell l'utilisa comme écurie pour ses soldats et, quand les huguenots se réfugièrent à Dublin au XVIIe s., ils s'en servirent comme lieu de culte. La cathédrale Saint-Patrick est aujourd'hui la deuxième cathédrale protestante de Dublin et héberge une exposition permanente, « Living Stones », sur le rôle de la cathédrale dans l'histoire de la cité.

Les monuments funéraires

La cathédrale abrite plusieurs tombeaux de personnalités irlandaises. Celui de la famille Boyle est à voir pour son originalité. Le comte de Cork l'a fait construire en mémoire de sa seconde épouse ; il représente la défunte et sa famille. Le premier président d'Irlande, Douglas Hyde, repose également là. Le tombeau le plus fameux est celui de Jonathan Swift. L'auteur de pamphlets contre le pouvoir anglais et des *Voyages de Gulliver* fut également le doyen de Saint-Patrick. Il repose aux côtés de sa compagne, Esther Johnson, connue sous le nom de « Stella ».

La porte percée

Assez étonnant pour le lieu, à l'ouest de la nef, une porte en bois qui fut percée en 1492 pour marquer la réconciliation de lord Kildare et de lord Ormonde à la suite d'un duel. Lord Kildare y fit un trou afin de serrer la main de son adversaire, sans toutefois être obligé de lui faire face, car les deux hommes ne se faisaient pas confiance.

St Patrick's Close • ☎ 453 9472 • www.stpatrickscathedral.ie • Mars-oct. : lun.-ven. 9h30-16h30, sam. 9h-17h30, dim. 9h-10h30, 13h-14h30 et 16h30-17h30 ; nov.-fév. : lun.-ven. 9h30-16h30, sam. 9h-16h30, dim. 9h-10h30 et 13h-14h30 • Entrée : 8 €.

2 St Patrick's Park✦

Selon la tradition, c'est ici que saint Patrick baptisa les premiers chrétiens irlandais, auprès d'un puits alimenté par les eaux de la rivière Poddle. Le parc, quant à lui, date de 1904. Il a été créé lorsque l'Iveagh Trust, fondé par le célèbre brasseur Edward Guinness, fit nettoyer la zone de ses logements insalubres. Une aération du paysage qui permettait aussi de mettre en valeur la cathédrale.

Pour une pause innovante : The Fumbally

Aucune visite au Fumbally ne ressemble exactement à la précédente. Luca et Ashling ont décidé de bannir la routine. Dans leur adresse confortable et accueillante, ils innovent constamment. Les salades et autres plats du jour changent de parfums comme on change de tenues.

64 plan C4 • *Fumbally Lane • ☎ 529 8732 • www.thefumbally.ie • Mar.-ven. 9h-17h, sam. 10h-15h • Plats du jour : 10-15 €.*

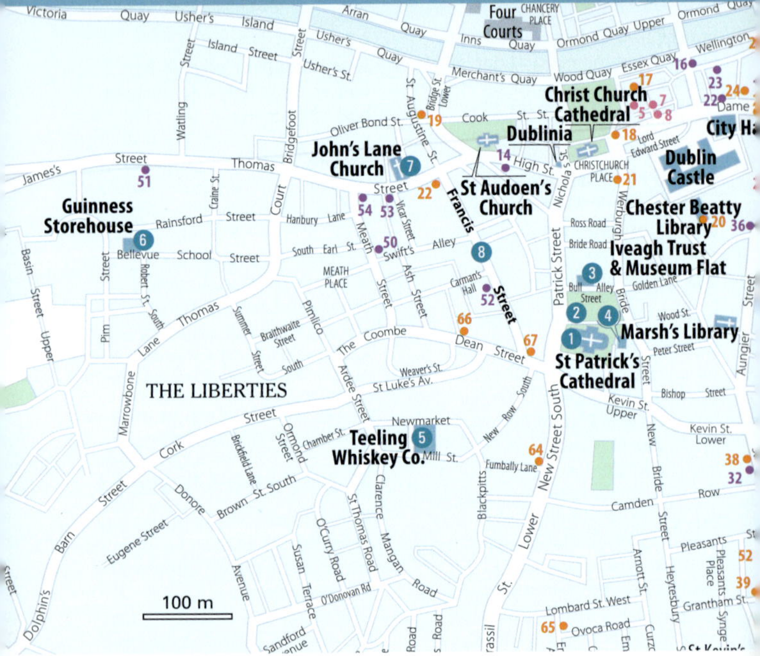

Patrick Street ou St Patrick's Close • ☎475 5435 • Lun.-ven. 8h-16h30 (21h l'été), sam.-dim. 10h-16h30 (21h l'été).

3 Iveagh Trust & Museum Flat✦

Ces immeubles furent bâtis à partir de 1896 à l'initiative d'Edward Guinness (lord Iveagh) pour offrir des logements abordables aux travailleurs pauvres de Dublin. Sa vocation n'a pas changé depuis cette époque : l'hôtel central accueille toujours les plus démunis de la capitale, tandis que les appartements, désormais modernisés, hébergent des familles très modestes. L'appartement 3B, inchangé depuis les années 1900, a été laissé intact à la mort de sa locataire en 2002. Une incursion passionnante dans la vie des plus modestes Dublinois.

Bull Alley Street et Patrick Street.
Buildings : *Patrick Street.*
Museum Flat : *3B Iveagh • www.theiveaghtrust.ie/our-story/the-museum-flat/ • Visite guidée au moment de l'Open House Dublin, rens. sur https://openhousedublin.com*

❹ Marsh's Library✦

C'est à l'archevêque Narcissus Marsh que l'on doit la plus ancienne bibliothèque publique d'Irlande, un petit bijou construit en 1701 par sir William Robinson. Quelque 25 000 imprimés du XVIe au XVIIIe s. et 300 manuscrits sommeillent dans les splendides étagères en chêne vieilles de 300 ans. Les ouvrages les plus précieux sont conservés dans des niches grillagées, dans lesquelles les lecteurs étaient enfermés à clé ! Parmi ces trésors se trouvent les *Epistolae ad Familiares*, de Cicéron, imprimées en 1472, et une *Histoire de la révolte de Clarendon* annotée par Jonathan Swift.

St Patrick's Close • ☎454 3511 • www.marshlibrary.ie • Mar.-ven. 9h30-17h, sam. 10h-17h • Entrée : 5 € (billet combiné avec St Patrick's Cathedral : 11 €).

❺ Teeling Whiskey Co.✦✦

La distillerie est une affaire de famille chez les Teeling, dans le business du whiskey depuis 1782. Issus de la nouvelle génération, Stephen et Jack ont décidé de reprendre les affaires à leur manière : en ouvrant une distillerie au cœur de la capitale irlandaise en 2015. Un événement qui n'était plus arrivé depuis 125 ans… Les visiteurs sont invités à admirer les trois alambics et à découvrir toutes les subtilités de la fabrication d'alcool, lors de visites guidées qui s'achèvent sur une dégustation des whiskeys de la marque (produits, eux, hors de la ville).

17 Newmarket • ☎531 0888 • www.teelingwhiskey.com • Lun.-ven. 11h-18h, sam. 11h-19h • Phoenix Café : t.l.j. 8h30-16h • Tour et dégustation : 17-30 €.

Teeling Whiskey Co.

Guinness Storehouse

6 Guinness Storehouse✦✦

Que serait Dublin sans la Guinness ? Cette exposition est surtout un hommage au sens commercial de la célèbre brasserie. La visite permet de découvrir l'histoire de la publicité de la marque. Un peu cher, malgré la pinte de Guinness offerte au bar.

St James's Gate (bus 1, 2, 3, 13 et 140, arrêt Steven's Lane depuis O'Connell Street ou Dame Street) • ☎ 408 4800 • www.guinness-storehouse.com • Lun.-jeu. 10h-17h, ven.-sam. 9h30-18h, dim. 9h30-17h • Résa en ligne obligatoire • Entrée : 22 €.

7 John's Lane Church✦✦

Cette église aux dimensions de cathédrale fut bâtie à la fin du XIXe s. par Edward Pugin et illustre bien le goût de l'époque victorienne pour le néogothique, dont elle est le plus bel exemple dublinois. Le portail central et les fenêtres hautes sont majestueux. À l'intérieur, dans le bas-côté est, ne manquez pas le vitrail de Michael Healy représentant la vie de saint Augustin (1934) et, à côté, les quatre saints irlandais par Harry Clarke, à qui l'on doit aussi les vitraux du célèbre Bewley's Cafe de Grafton Street !

St John's Priory, 94-96 Thomas Street • ☎ 677 0393 • www.johnslane.ie • Lun.-sam. 9h-18h, dim. 9h-13h • Accès libre.

8 Francis Street✦✦

Paris a la Rive gauche ; Londres, Portobello Road ; et Dublin, Francis Street ! Ses 400 m concentrent la crème des antiquaires de la capitale, du mobilier georgien (**O'Sullivan** au nº 43) aux créations Art nouveau et Arts déco (la boutique de **Michael Mortell**, au nº 53, est fantastique), sans oublier les spécialistes de mobilier (**Brian Behan** au nº 50) et quelques généralistes (**Yeats Country** au nº 67), où vous trouverez de petits objets décoratifs à prix plus abordables.

Facebook : Dublin's Art & Antique Quarter, Francis Street.

Restos | Bars | Hôtels | Shopping | Activités

Restos Bistrots

Bibi's

Brunch 65 Plan C4

Bibi's est un peu excentré et dans un quartier un peu moins fréquenté, mais vous ne regretterez pas de vous y être arrêté : Maisha Lenehan y concocte des brunchs délicieux et des plats du jour pleins de soleil, à savourer dans un intérieur cosy ou en terrasse, avec le pépiement des oiseaux… Relaxation garantie.

14B Emorville Avenue • 454 7421 • www.bibis.ie • Mer.-ven. 8h-16h, sam.-dim. 9h-17h • Plats du jour : 10-16 €; brunch : 12 €.

Spitalfields

Gastropub 66 Plan C4

Le chef Stephen McAllister a transformé ce qui était un pub traditionnel très simple en un restaurant de cuisine irlandaise contemporaine. Son allure de pub cosy a été conservée, et on s'y régale ! Les snacks tels que la tartine à la truffe et fromage irlandais fondu ou chorizo irlandais grillé ouvrent l'appétit. La tourte Cock'a'Leekie à partager est un plat signature, mais il est difficile de résister à la côte de bœuf ou au homard grillé.

25 The Coombe • 454 6921 • www.spitalfields.ie • Mar.-sam. 17h-21h

Bibi's

• Snacks : 3,50-10 €; plats : 24-43 €; tourte : 54 €; côte de bœuf : 85 €.

Two Pups

Brunch 67 Plan C4

Un café un peu hipster au décor épuré avec une terrasse donnant sur cette rue connue pour ses antiquaires. On peut y déguster un brunch même un jour de semaine : pain perdu aux fruits de saison, beignets de tofu et maïs, sandwich grillé au fromage. Le menu change régulièrement, les gâteaux sont faits maison (essayez le *banana bread*) et le café y est excellent.

74 Francis Street • www.twopupscoffee.com • Mer.-ven. 8h30-15h30, sam.-dim. 9h30-16h • Plats : 8,50-15 €.

Lucky's

Bars, clubs Sorties

Lucky's

Bar 50 Plan C4

Au cœur de l'éclectique Meath Street, Lucky's est un des chouchous des étudiants du National College of Art and Design voisin. C'est un bar moderne où se tiennent souvent des expositions ainsi qu'un marché d'artisanat local. Ils ont un bon choix de bières artisanales et whiskeys locaux, et servent même du vin bio. On y mange de très bonnes pizzas préparées dans un container sur la terrasse à l'arrière du bar.

78 Meath Street • ☎556 2397 • www.luckys.ie • Lun.-jeu. 16h-minuit, ven. 16h-1h, sam. 12h30-1h, dim. 12h30-minuit • Pinte de Guinness : 5,70 €; cocktail : 12,50 €; pizza : 13 €.

Guinness Open Gate Brewery

Brasserie et bar 51 Plan B3

Beaucoup moins touristique que la Guinness Storehouse, l'Open Gate Brewery est la brasserie expérimentale de la célèbre marque. C'est dans ce lieu un peu caché derrière un grand portail que les brasseurs s'essaient aux bières artisanales : on peut ainsi tester les différentes bières dans l'endroit même où elles ont été créées. Côté assiette, le menu est plutôt international : frites de

Quartier The Liberties

halloumi, *arancini* à la crevette, burger de bœuf à la Guinness.

53 James's Street, St James's Gate • ☎ 471 2455 • www.guinnessopengate.com • Jeu.-ven. 17h-22h30, sam. 15h-22h30 • Plats : 6-15 €.

Anti Social

Bar 52 Plan C4

Ne vous fiez pas à son nom, le bar Anti Social est un excellent lieu pour boire un verre entre amis et se fondre parmi les Dublinois. Les meubles qui viennent d'une boutique de design locale et les murs peints en noir vous plongent dans une ambiance feutrée. Installez-vous sur l'une des banquettes en velours pour y déguster un cocktail accompagné de tacos.

101 Francis Street • ☎ 498 8855 • www.antisocial.ie • Lun.-mar. 15h-23h, mer. 15h-23h30, jeu. 15h-0h30, ven. 15h-1h, sam. 12h-1h, dim. 12h-23h • Cocktail : 12 €; tacos : 2 pour 10 €.

Vicar Street

Musique 53 Plan C3

Vicar Street est l'un des endroits à la mode pour écouter de la musique tout en prenant un verre. Des soirées avec DJ ou des groupes live sont programmés certains jours (ven. et sam.).

99 Vicar Street/58-59 Thomas Street • ☎ 775 5800 • www.vicarstreet.com • T.l.j. à partir de 17h • Place : à partir de 10 €.

Dudley's

Pub 54 Plan C3

Un beau pub au design contemporain qui change du pub traditionnel. Le Dudley's ravira les adeptes de bières artisanales, avec un grand choix de bières locales et internationales à la pression ou en bouteille. On peut aussi y grignoter des plats simples en cas de fringale : croquettes de crabe à la sauce tartare, assiette de macaronis au fromage, sandwich au jambon et fromage grillé.

48 Thomas Street • ☎ 473 6789 • www.dudleys.ie • Lun.-mar. 15h-23h30, mer.-jeu. 12h30-23h30, ven. et dim. 12h30-0h30, sam. 12h-0h30 • Croquettes : 8,90 €; macaronis 6,50 €; sandwich : 7,50 €.

BIÈRE ET WHISKEY

Difficile de visiter l'Irlande sans goûter aux spécialités nationales, dont, bien sûr, la célèbre Guinness, qui ravit les gosiers irlandais depuis plus de deux siècles. Ce n'est pas une raison pour laisser de côté ses petites sœurs, qui ont d'autres arguments pour vous séduire. Quant aux whiskeys, ils se targuent de valoir leurs rivaux écossais.

Une brune célèbre

À Dublin, où les brasseries ont fait vivre des centaines de familles, **Guinness** règne sans partage, avec une production quotidienne de 4 millions de pintes. On en consomme 10 millions de verres par jour dans le monde ! Si la Guinness est la plus connue des bières irlandaises, avec sa couleur noire et sa tête mousseuse presque blanche, il en existe d'autres, comme la **Murphy's** et la **Beamish** ***(stouts)***, plus douces et plus onctueuses, que l'on trouve à Cork, dans le sud du pays. À côté de la brune, on peut boire des rousses ***ales***, telle la **Smithwick's** au goût caramélisé, ou des blondes ***lagers***, comme la **Harp.**

Distillerie Jameson

Secrets de fabrication

La bière est produite à partir de l'orge. Une partie des grains donne le malt. L'autre partie est torréfiée, ce qui donne au breuvage sa couleur brune. Le goût amer vient du houblon que l'on ajoute au cours de la fabrication. La bière mature dans d'immenses fûts. Ne faites pas l'erreur de croire que tout s'arrête là. Pour boire une bonne pinte, la bière doit être tirée lentement. On attend ensuite que les bulles montent et forment un tapis mousseux sur le liquide sombre, puis on complète jusqu'en haut du verre. Le tout prend environ trois minutes. Si la bière est bien tirée, la mousse garde l'empreinte des lèvres jusqu'au bout et laisse sur le tour du verre plusieurs ronds.

Reine de pub

La notoriété de la **Guinness** provient de l'engouement du public irlandais et international, mais aussi d'une succession d'astucieuses campagnes de pub, à une époque où la réclame, comme on disait alors, en était à ses balbutiements. ***Guinness is good for you*** (« La Guinness est bonne pour vous ») ou ***My Goodness! My Guinness!*** (« Mon Dieu! Ma Guinness! ») sont devenus des refrains populaires, persuadant les consommateurs de l'intérêt de cette boisson pour la santé. Bon nombre de bars ont repris ces pubs pour décorer leur devanture ou les murs de leurs salles. Pour en savoir plus, une visite à la **Guinness Storehouse** (p. 132) s'impose.

Porter cake et hot toddy

La bière brune et le whiskey sont également utilisés dans de nombreuses recettes. Ainsi, pour confectionner le ***porter cake***, cake traditionnel riche et délicieux, on fait macérer des fruits secs dans de la bière brune. Au pub, demandez un ***Irish coffee***, mélange célèbre et savoureux de whiskey, de café fort et de crème fraîche, ou un ***hot toddy***, sorte de grog au whiskey, agréablement parfumé de citron et de clou de girofle.

L'or roux des barriques

L'autre boisson de l'Irlande est le whiskey, qui compte un « e » supplémentaire lorsqu'il est irlandais ou américain, par opposition au whisky écossais. Cet alcool existait déjà du temps des Celtes. Appelé alors ***uisge beatha*** (« eau-de-vie »), il devint ***fuisce*** dans la langue des envahisseurs normands, puis fut anglicisé en « whiskey ». Les ingrédients utilisés sont l'orge, l'eau et la levure. Les grains d'orge sont séchés, triés, trempés et maltés. Après la fermentation, le moût subit trois distillations successives qui purifient l'alcool (le whisky écossais n'en subit que deux). Le liquide passe dans un alambic chauffé, où il se transforme en vapeur avant de se condenser en un distillat. La dernière distillation donne le whiskey, stocké pour le vieillissement en fûts de chêne, entre 3 et 15 ans. ■

Bréviaire des marques

Trois grandes distilleries se sont longtemps partagé la production de whiskey : Dublin, Midleton, dans le comté de Cork, et Bushmills, en Irlande du Nord. Pour résister à la concurrence des Écossais, elles se sont réunies et le sont désormais sous la houlette de Pernod-Ricard. Elles ont cependant gardé des marques différentes pour satisfaire toutes les catégories de clientèle. Bushmills est le whiskey le plus ancien au monde (1608), et le Bushmills Malt est fort apprécié des connaisseurs. Le Powers, peu exporté, peut constituer un souvenir. Le Jameson Reserve, 12 ans d'âge, est un whiskey haut de gamme. C'était la marque préférée de James Joyce. Le Paddy's est beaucoup plus léger et se prête bien aux mélanges.

KILMAINHAM, QUARTIER POPULAIRE

9

Ce quartier populaire est marqué par la présence du gigantesque site du Royal Hospital, bâti à l'emplacement d'un ancien prieuré des chevaliers de l'ordre de Saint-Jean de Jérusalem et transformé en musée d'Art moderne. Il est aussi et surtout habité par les fantômes des rebelles de l'insurrection de Pâques qui furent exécutés dans la prison ou détenus à Richmond Barracks.

Kilmainham Gaol

1 Kilmainham Gaol✦✦

Kilmainham est la plus grande prison jamais construite en Irlande et un impressionant musée. Derrière ses murs épais, c'est tout un pan de la construction de l'Irlande moderne qui est raconté.

Monstre de pierre

La construction de l'édifice démarra en 1786, dans une partie isolée de l'ouest de la ville. Tout fut entrepris pour que la prison inspire aux habitants une profonde crainte. Avant de pénétrer dans le bâtiment pour la visite, allez jeter un œil au portique qui fut autrefois l'entrée principale. La porte monumentale est surmontée de serpents enchaînés représentant la lutte du bien contre le mal, ainsi que des cinq diables de Kilmainham.

Récits de vie

Si la visite de la prison est aussi touchante, c'est probablement grâce aux guides qui rappellent les histoires, les hommes, derrière les barreaux. Après quelques salles de présentation en libre accès, vous pénétrerez dans la chapelle, où vous seront narrées des bribes de vie des occupants des lieux, depuis cet enfant de 6 ans qui passa un mois dans la prison, en 1839, parce que son père n'avait pu payer son billet de train, jusqu'au mariage de Joseph Plunkett, dans cette même chapelle, quelques heures avant son exécution.

Pâques sanglantes

Bien des rebelles et prisonniers politiques finirent leur vie dans cette prison, privés de tout confort. Les cellules gardent en mémoire les dates clés des luttes qui menèrent à l'indépendance, notamment l'incontournable printemps 1916. Quinze leaders de l'insurrection de Pâques furent emmenés ici. Tous furent exécutés, sauf la comtesse Constance Markievicz, qui, parce qu'elle était une femme, vit sa peine commuée en prison à perpétuité (avant d'être libérée et élue au Parlement).

La salle centrale

Présentée en fin de visite, la salle centrale de l'aile est datant du XIXe s. est peut-être la partie la plus impressionnante, architecturalement parlant. Sur quatre niveaux, 100 cellules individuelles sont réparties, articulées autour d'une cour surmontée d'une verrière. Une lumière glaçante vient lécher les structures de métal et contraste avec l'obscurité humide du reste du bâtiment. Sur la droite, jetez un œil à la cellule de Grace Gifford Plunkett, par le judas, pour admirer la délicate Vierge à l'Enfant peinte par la détenue, sur le mur du fond.

Inchicore Road (bus 69 ou 79, arrêt Kilmainham Jail, depuis Aston Quay) • ☎453 5984 • https://kilmainhamgaolmuseum.ie • Juin-août : t.l.j. 9h30-18h15; avr.-mai et sept. : t.l.j. 9h30-17h45; oct.-mars : t.l.j. 9h30-17h15 • Résa conseillée sur Internet; si vous vous présentez directement aux portes de la prison, il est très probable que vous deviez prendre un ticket pour une visite organisée quelques heures plus tard • Entrée : 8 €.

Pour une pause irlandaise : Urban 8

Huit, c'est le numéro de l'arrondissement dans lequel se situe ce restaurant bien décidé à s'imposer comme un ancrage dans le quartier. Un lieu de vie dans lequel les habitants du coin viennent travailler en savourant le fameux Urban 8 Dog Burger, déguster un ragoût de poulet fumé en famille ou boire un cocktail en amoureux à côté de touristes encore bouleversés par la visite de Kilmainham Gaol.

68 plan A4 • ***740 South Circular Road • ☎677 8707 • https://galwaybrewery.com/urban8/ • Mar.-mer. 17h-20h30, jeu.-sam. 12h-21h, dim. 12h-20h30 • Burger : 13,50 €; ragoût de poulet : 18,50 €; cocktail : 11,50 €.***

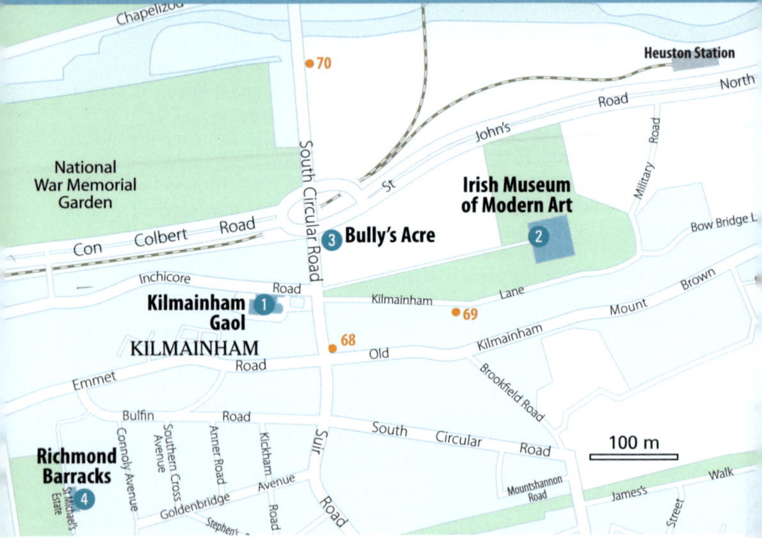

❷ Irish Museum of Modern Art✦✦

L'IMMA occupe l'ensemble des imposants bâtiments du Royal Hospital, l'un des édifices du XVIIe s. les plus remarquables d'Irlande.On y découvre des œuvres d'art moderne et d'art contemporain puisées dans une collection de plus de 3 500 pièces. Animée régulièrement par des expositions temporaires, la collection permanente reflète les courants les plus intéressants de l'art irlandais et international, depuis les sculptures de Picasso jusqu'aux œuvres provocantes de Damien Hirst, en passant par les impressions de William Crozier ou les photographies de Gilbert & George.

Royal Hospital, Military Road (LUAS, ligne rouge, arrêt Heuston Station) • ☎612 9900 • www.imma.ie • Mar. et jeu.-sam. 10h-17h30, mer. 11h30-17h30, dim. et j. fériés 12h-17h30 • Visites guidées informelles mer. à 13h15 et sam.-dim. à 14h30 • Accès libre.

❸ Bully's Acre✦

Fermé depuis des décennies, c'est le plus ancien cimetière de la ville. Les premières inhumations dateraient de plus de 1 000 ans. Connu pour être le lieu de dernier repos des habitants les plus pauvres, qui s'épargnaient le prix des sépultures grâce aux fosses communes, il accueille également la dépouille de nombreux catholiques, faute de cimetière consacré en ville. Terrain de jeu privilégié des voleurs de corps, le cimetière faillit être transformé en jardin botanique ; c'était sans compter la rébellion des habitants outragés. Il est impossible de se balader dans ce cimetière chargé d'histoire, vous pourrez juste l'admirer à travers les grilles, depuis la cour du musée d'Art moderne. Néanmoins, des visites gratuites sont occasionnellement organisées par Paul O'Brien, auteur et historien.

687 South Circular Road • Infos visites occasionnelles : paul.obrien@opw.ie

4 Richmond Barracks**

Inauguré lors du centenaire de l'insurrection de Pâques en 2016, ce centre culturel retrace l'histoire de la caserne qui joua un rôle important dans cette révolution. C'est dans ce centre, construit en 1810 pour se prémunir d'une éventuelle invasion napoléonienne, que furent détenus plus de

Irish Museum of Modern Art

3 000 rebelles. Le centre propose des activités culturelles (visites guidées, ateliers, marchés) toute l'année et possède une bibliothèque sur place. Le jardin peut se visiter gratuitement.

Bulfin Road (croisement Emmet Road) • 524 2532 • www.richmondbarracks.ie • Accès aux centre et jardin : lun.-sam. 10h-17h • Bibliothèque : lun.-jeu. 10h-13h et 14h-17h • Visite guidée : jeu. et sam. à 11h (10 €).

Restos Bistrots

Old Royal Oak

Pub traditionnel 69 Plan A4

Bien qu'il soit situé en ville, on a l'impression ici d'être dans un pub traditionnel de la campagne irlandaise. Difficile de trouver plus authentique : pinte de Guinness parfaite, musique traditionnelle le dimanche soir et *Irish craic* (« ambiance sympathique » !). On s'y sent comme chez soi tellement l'atmosphère y est agréable !

11 Kilmainham Lane, Saint James' • 671 3967 • Mer.-sam. 17h-23h30, dim. 14h-23h.

Storyboard

Brunch 70 Plan A3

Avec ses grandes baies vitrées et sa déco minimaliste, le Storyboard ressemble à un *coffee-shop* scandinave. Il fait bon s'y arrêter avant ou après la visite de Kilmainham Gaol. Le café provient de brûleries irlandaises et le brunch est servi tous les jours : tartine d'avocat, œufs brouillés... Il y a aussi de délicieux sandwichs grillés (saucisse, champignons, cheddar irlandais) le midi.

Clancy Quay, Camden, Islandbridge • www.storyboardcoffee.com • T.l.j. 8h30-15h30 • Tartine : 12 €; œufs brouillés : 10 €; sandwich : 9 €.

LES MEILLEURS IRISH BREAKFASTS

Les Irlandais prennent très au sérieux l'adage qui veut que le petit déjeuner soit le repas le plus important de la journée. À travers la ville, vous trouverez des versions hyper complètes, à commencer par l'*Irish breakfast* traditionnel (avec œuf, bacon, haricots, saucisse, *black pudding*, porridge, etc.).

Queen of Tarts

Le matin, la « reine des tartes » met sa spécialité de côté pour cuisiner d'excellents petits déjeuners traditionnels.

Voir p. 47, quartier 3.

The Woollen Mills

Un très bon *Irish breakfast* servi le week-end uniquement, avec vue sur la Liffey en prime !

Voir p. 27, quartier 1.

Cornucopia

Les végétariens aussi ont droit à leur *Irish breakfast* grâce à des saucisses vegan maison, du tofu brouillé et des tomates, haricots et champignons.

Voir p. 96, quartier 6.

Urban 8

Si ce petit déj. s'est forgé une solide réputation dans le quartier, c'est notamment grâce à ses ingrédients savamment choisis.

Voir p. 139, quartier 9.

Herbstreet

Bacon, pain à l'épeautre multigrains, boudin de Tournafulla et hachis de corned-beef – ingrédients de l'*Irish breakfast* – s'invitent dans l'assiette aux côtés de propositions mexicaines ou américaines.

Voir p. 154, quartier 11.

Herbstreet

DE SMITHFIELD À PHOENIX PARK

10

Dès 1665, Smithfield Market accueillait un ancien marché au bétail. Au XIXe siècle, ce sont les distilleries qui envahirent le quartier. Aujourd'hui, le marché au bétail a disparu, la foire aux chevaux aussi et les distilleries ont fermé. Drapeau de la réhabilitation urbaine, l'ancien marché a subi de nombreuses transformations : logements modernes, bureaux et commerces. Ce quartier est bordé par le magnifique Phoenix Park, où vous pourrez admirer des troupeaux de daims se baladant en toute liberté, témoignage de la proximité avec la nature en pleine ville.

Smithfield

1 Stoneybatter✦

Sitric Place, Olaf Road, Thor Place, Sigurd Road… les hommes du Nord (*Ostmen*) ne traînent plus dans le quartier, mais ces noms de rue rappellent que c'est ici que les Vikings, après l'invasion normande, fondèrent le village d'Ostmentown, devenu Oxmantown, ancienne appellation du quartier. Aujourd'hui, les rues paisibles de Stoneybatter alignent de jolies maisons d'artisans construites au tournant du XIXe s. Autre référence locale, la librairie de l'éditeur Antony Farrell (**Lilliput Press**, 62-63 Sitric Road ; www.lilliputpress.ie ; lun.-ven. 10h-18h), qui, depuis 30 ans, publie beaux livres, romans et essais sur l'Irlande et son histoire.

2 Phoenix Park✦

Avec ses 707 ha et ses 11 km de murs d'enceinte, Phoenix Park est le plus grand parc urbain d'Europe.

Créé en 1662, ce parc royal n'a pas que bois et prairies à offrir : le plus ancien club de cricket du pays, la résidence de la République, un zoo et l'obélisque de Wellington (il célèbre la défaite de Napoléon à Waterloo) sont quelques-uns de ses joyaux. Des troupeaux de daims se baladent librement dans le parc.

Phoenix Park, Park Gate Street (bus 25 et 26, arrêt Park Gate Street, depuis Upper Ormond Quay; tram LUAS, ligne rouge, arrêt Heuston Station) • ☏677 0095 • www.phoenixpark.ie • T.l.j. 24h/24 porte principale; t.l.j. 7h-23h porte latérale. Évitez de vous y balader la nuit.

3 Zoological Gardens✦✦

Les 28 ha de ce zoo accueillent les plus belles espèces de la planète (orangs-outans de Bornéo, éléphants d'Asie, crocodiles du Nil, flamands du Chili, etc.), mais ils reconstituent également de vastes écosystèmes (savane africaine, forêt tropicale d'Inde, etc.) permettant aux espèces de vivre en groupe dans un environnement très proche de l'original. Une très belle surprise.

Phoenix Park (bus 25, 26, 46A, 37, 38 et 70) • ☏474 8900 • www.dublinzoo.ie • Janv. : t.l.j. 9h30-16h30; fév. : t.l.j. 9h30-17h; mars-sept. : t.l.j. 9h30-18h; oct. : t.l.j. 9h30-17h30; nov.-déc. : t.l.j. 9h30-16h • Entrée : 21 € (18 € en ligne).

4 Museum of Decorative Arts and History✦✦✦

Installée dans une impressionnante caserne de 1701, cette annexe du National Museum est consacrée aux collections d'arts décoratifs et aux traditions populaires. Mobiliers, outils et objets usuels racontent la petite histoire de l'île. Le dernier étage présente 250 ans de mode vestimentaire et de bijoux en Irlande, comme cet amusant flacon de parfum à périscope pour guetter un bel homme potentiel !

Collins Barracks, Benburb Street (LUAS, ligne rouge, arrêt Museum) • ☏677 7444 • www.museum.ie • Mar.-sam. 10h-17h, dim.-lun. 13h-17h • Accès libre.

5 Arbour Hill Cemetery✦

Ce petit cimetière militaire, caché derrière l'église du Sacré-Cœur

Pour une pause clé en main : Ryan's

L'un des pubs les plus photographiés pour ses belles boiseries victoriennes et ses vitraux. Les amoureux du secret apprécieront les *snugs*, petits compartiments privés où l'on peut même fermer le verrou ! Pour ne rien gâcher, le barman a la réputation de tirer la bière à la perfection. Ambiance chaleureuse le week-end. On peut déjeuner ou dîner à l'étage.

55 plan B3 • *28 Parkgate Street • ☏677 6097 • www.thebuckleycollection.ie/ryan-s-victorian-pub • Restaurant : lun.-jeu. 12h-15h et 17h-23h, ven.-sam. 12h-0h30, dim. 12h30-23h.*

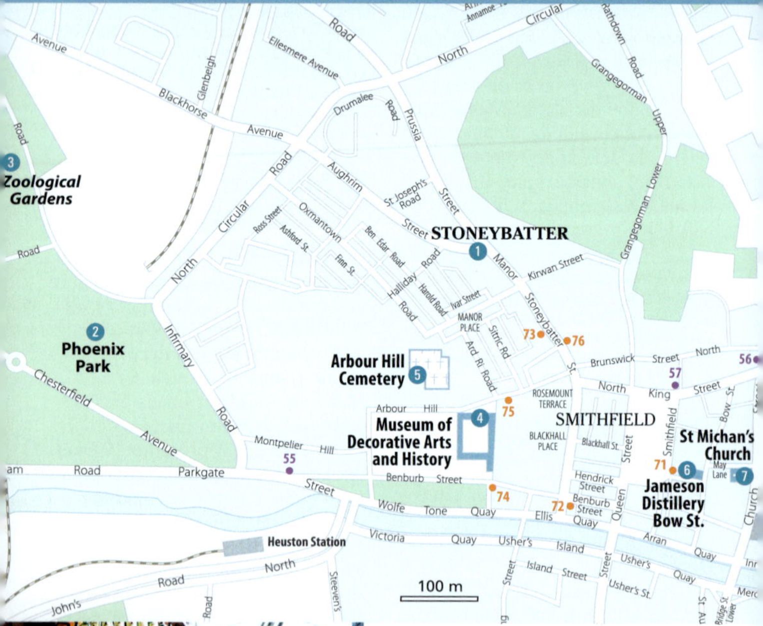

Jameson Distillery

et la prison de l'Arbour Hill, est l'un des lieux les plus émouvants de la capitale. C'est ici que furent enterrés, en 1916, les signataires de la proclamation d'indépendance (dont Patrick Pearse et James Connolly) après leur exécution à Kilmainham Gaol. Le monument qui leur rend hommage reprend le texte de la proclamation.

Arbour Hill • 821 3021 • www.heritageireland.ie • Lun.-ven. 8h-16h, sam. 11h-16h, dim. 9h30-16h; avr.-fin sept. : visite guidée ven. à 11h • Accès libre.

6 Jameson Distillery Bow St.⁺⁺

On découvre l'histoire du whiskey à travers les anciennes distilleries avec odeurs reconstituées. Parcours intéressant et boutique pour acheter la bouteille rare (les prix grimpent vite !) ou des douceurs à base de whiskey irlandais.

Bow Street (LUAS, ligne rouge, arrêt Smithfield) • ☎807 2355 • Lun.-sam. 11h-17h30, dim. 12h-17h30 (dern. visite guidée à 17h) • Résa obligatoire sur www.jamesonwhiskey.com ou par tél. • Entrée : 25 € • Bouteille « Distillery Edition » : 65 € ; barres chocolatées au whiskey : 2 €.

7 St Michan's Church and Crypt⁺⁺

Cette église médiévale a été reconstruite dans les années 1680. La température constante de la crypte et l'acide tannique de ses murs ont permis la momification naturelle des corps, exposés dans les cercueils ouverts (le plus vieux a plus de 650 ans). Ici, les frères Sheares, deux républicains nationalistes, furent pendus, décapités, puis coupés en quatre lors de l'insurrection de 1798. Ne manquez pas l'orgue, sur lequel joua le compositeur allemand Georg Händel.

Church Street • ☎872 4154 • www.cccgroup.dublin.anglican.org • Lun.-ven. 10h-12h30 et 14h-16h30, sam. 10h-12h30 • Entrée : 5 €.

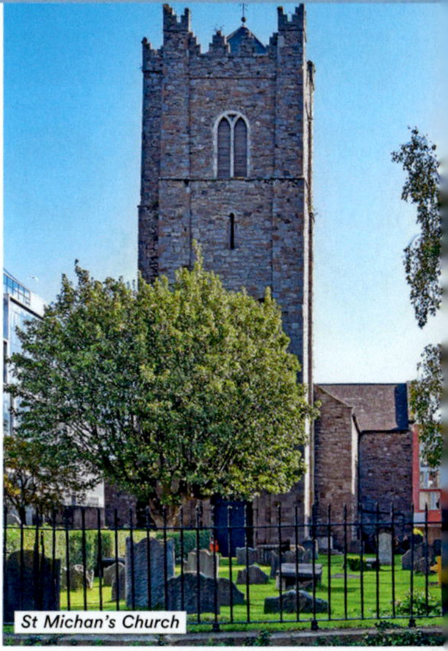

St Michan's Church

Pour une pause marché : Third Space

Ce grand café sur l'ancienne place du marché s'est donné pour mission d'insuffler une bonne dose de convivialité dans un quartier un peu morose. De grandes tables où venir en famille ou entre amis, une bonne sélection de journaux, de magazines et de bouquins, des concerts, des débats, des cours de tricot et de cuisine. Ajoutez-y un *Irish breakfast* complet, des sandwichs pleins de soleil et une bonne sélection de bières et de vins…

71 plan C3 • *14 Smithfield Market • ☎529 7208 • www.thirdspace.ie • Lun.-ven. 7h-18h30, sam. 7h30-17h30 • Irish breakfast : 11 € ; sandwich : 8 € ; verre de vin : 5,50 €.*

Restos Bistrots

Fish Shop

Fish and chips 72 Plan B3

Un restaurant très étroit aux murs de briques blanches apparentes et aux étagères remplies de bouteilles de vins bio, naturels et biodynamiques. Il faut y aller pour goûter le meilleur *fish and chips* de la ville : panure légère et frites croustillantes à souhait. Le menu est limité, mais tout y est tellement bon. Également, burger de poisson, huîtres, moules du Killary Fjord…

76 Benburb Street • 557 1473 • https://fish-shop.ie • Mer.-lun. 12h30-21h • Snacks : 3-10 €; plats : 11-20 €.

Grano

Italien 73 Plan B3

Roberto Mungo, originaire de la région de Calabre, tient ce charmant restaurant italien. Il importe des ingrédients et vins de son pays natal et les pâtes sont faites maison sur place. Les plats sont simples mais savoureux : charcuterie italienne, choix de pâtes, tiramisu… La carte des vins est exclusivement italienne, majoritairement bio et biodynamique.

Unit 5, Norseman Court, Manor Street • 538 2003 • https://grano.ie • Mar.-ven. 17h-22h, sam.-dim. 12h30-22h.

Wuff

Irlandais 74 Plan B3

À proximité de la distillerie Jameson, cette adresse tout en vitrines offre un cadre lumineux parfait pour une pause lunch. *Full Irish breakfast* pour les lève-tard ou sandwich au faux-filet pour les carnivores : chacun se fraie un chemin dans un menu qui fait la part belle aux propositions « réconfortantes ». Service très chaleureux et bienveillant.

23 Benburb Street • 633 7959 • https://wuffrestaurant.ie • Mer.-ven. 8h-16h, sam.-dim. 10h-16h • Full Irish breakfast *: 13 €.*

Lilliput Stores

Épicerie fine 75 Plan B3

Si vous cherchez une pause déjeuner rapide et goûteuse, rendez-vous dans cette épicerie fine de quartier. Vous pourrez y concocter d'excellents sandwichs sur pain artisanal garnis de fromage irlandais, de viande séchée et de saveurs méditerranéennes ! Et les pâtisseries maison ne sont pas mal non plus.

5 Rosemount Terrace, Arbour Hill • 672 9516 • www.lilliputstores.com • Lun.-ven. 8h30-17h, sam. 9h-17h, dim. 10h-17h • Sandwichs : à partir de 6 €.

L. Mulligan Grocer

Irlandais contemporain 76 Plan B3

Les gastronomes liront le menu de cet établissement comme un poème, touchés par la promesse de rime d'audacieuses associations, comptant les pieds d'assiettes locales qui s'annoncent excellentes. Dans une ambiance chaleureuse, on vous proposera des *pairing* plat-bière et dessert-whiskey.

18 Stoneybatter • ✆670 9889 • www.lmulligangrocer.com • Lun.-ven. 16h-21h, sam.-dim. 14h-21h • Menu : 35 €.

Bars, clubs Sorties

Bonobo

Bar 56 Plan C3

Un bar un peu bobo avec ses meubles rétro et des recoins cosy. La carte des boissons comprend une bonne sélection de bières artisanales, gins et whiskeys irlandais. Difficile de choisir un cocktail : il y en a 14 au menu ! La grande terrasse (couverte en cas de mauvais temps), avec ses longues tables partagées, est très agréable. On y sert d'excellentes pizzas au feu de bois.

119 Church Street Upper • www.bonobodublin.com • Lun.-jeu. 16h-minuit, ven. 16h-1h, sam. 13h-1h, dim. 13h-minuit • Cocktails : 12-14 €; pizzas : 12-15 €.

The Cobblestone

Musique tradi 57 Plan C3

C'est l'un des meilleurs endroits de la ville pour écouter de la musique live. Tom Mulligan, le patron du lieu, a au moins trois générations d'inconditionnels de sons traditionnels derrière lui. On peut même y prendre des cours de musique (à guetter sur leur page Facebook) ! Certains concerts sont payants, mais excèdent rarement les 10 €.

77 King Street North • ✆872 1799 • http://cobblestonepub.ie • Facebook : thecobblestone • Lun.-jeu. 16h-23h30, ven.-sam. 14h-0h30, dim. 14h-23h.

L. Mulligan Grocer

DUBLIN DOCKLANDS 11

La richesse de Dublin tenait jadis à son port florissant. Aujourd'hui, après des décennies d'abandon, les plus grands architectes donnent aux anciens docks les traits du XXIe siècle. Peu à peu, le cœur battant de Dublin migre vers ces horizons maritimes délaissés. De Custom House à l'Aviva Stadium, entre patrimoine et modernité, c'est une échappée vivifiante vers la baie de Dublin.

Jeanie Johnston Tall Ship

1 Custom House✦✦

Achevé en 1791, l'hôtel des Douanes de James Gandon est l'un des plus beaux monuments de Dublin. Trois-mâts et vapeurs remontaient jusqu'ici déclarer leurs cargaisons de vin, de tabac, de céréales et de charbon avant de les stocker dans les entrepôts construits autour des bassins en retrait du fleuve. Le George's Dock et son système d'écluses et de ponts mobiles témoignent de cette époque florissante à laquelle l'arrivée du chemin de fer (1866) a mis un terme. Désormais, sous son dôme à colonnade, siège le ministère de l'Environnement et du Patrimoine.

Custom House Quay • Jeu.-ven. 14h-16h, sam.-dim. 11h30-16h • Entrée libre.

2 Famine Memorial✦

Ce groupe de personnages efflanqués, sculptés par R. Gillepsie, rend hommage aux disparus de la Grande Famine (1845-1852). Déjà affamés par les grands propriétaires anglo-protestants, puis confrontés au mildiou de la pomme de terre – alors la base de l'alimentation pour un tiers de la population –, près d'un million de paysans meurent de faim et de maladie en quelques années, et plus d'un million doivent encore émigrer. Tout cela sous le regard presque impassible du gouvernement du Royaume-Uni, alors la plus riche puissance au monde.

Custom House Quay.

3 CHQ Building✦ et EPIC✦✦

Cet ancien entrepôt de stockage de tabac et de vin, inauguré en grande pompe en 1821, est l'une des fiertés de Dublin. Conçu par John Rennie, il est surnommé le « Banquet Hall » après le banquet offert à 3 000 Irlandais suite à la guerre de Crimée (1854-1855). Aujourd'hui, le CHQ Building abrite sous sa structure métallique révolutionnaire des restaurants et un marché tous les vendredis à partir de 11h ; il accueille également concerts et expositions, et abrite le récent musée de l'Émigration irlandaise (EPIC The Irish Emigration Museum). En sous-sol se trouvent de très belles voûtes en brique du XIXe s.

EPIC The Irish Emigration Museum✦✦

Plus de 10 millions d'Irlandais ont quitté l'île au cours de l'Histoire et 70 millions de personnes auraient une descendance irlandaise. L'EPIC retrace le passé de la diaspora et son influence à travers le monde. Ce musée très moderne vous plonge dans la culture irlandaise par le biais de vidéos et jeux interactifs dans ses 20 galeries souterraines. Difficile de ne pas être ému par la collection de lettres d'immigrés.

CHQ Building : *Custom House Quay • ☎673 6054 • www.chq.ie • Lun.-ven. 7h-19h, sam.-dim. 9h30-18h30.*

EPIC : *The CHQ Building • ☎906 0861 • www.epicchq.com • T.l.j. 10h-17h • Entrée : 18,50 €.*

4 Jeanie Johnston Tall Ship✦✦

Ce trois-mâts est la réplique aux deux tiers du *Jeanie Johnston*, célèbre pour avoir transporté jusqu'à Québec et

Pour une pause à l'italienne : Il Valentino

Le Tout-Dublin se presse dans cette boulangerie italienne réputée pour cuire les meilleurs pains et les meilleures viennoiseries de la capitale. Pains de Toscane, *pane pugliese* (pain de campagne) ou ciabatta pour de délicieux sandwichs garnis de fromage et de charcuterie italienne, c'est l'endroit idéal pour un déjeuner léger.

77 plan E3 • *Grand Canal Harbour • ☎633 1100 • www.ilvalentino.ie • Lun.-ven. 7h-19h, sam.-dim. 8h-19h.*

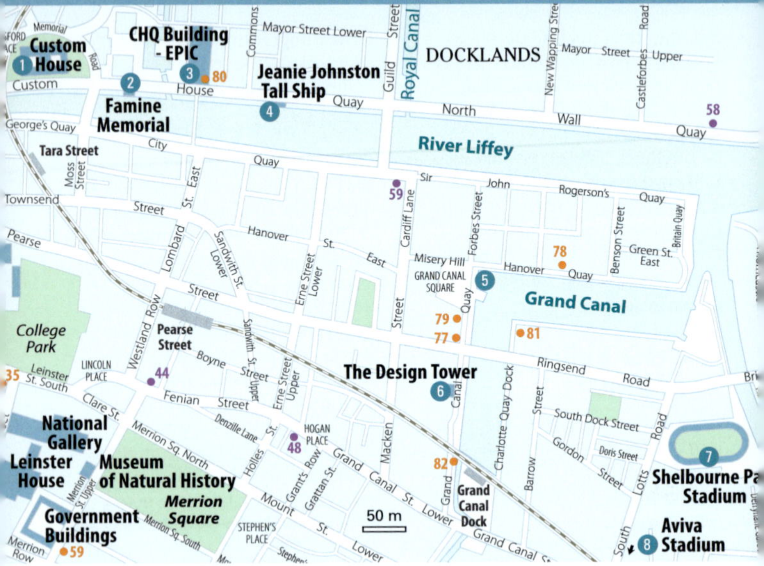

New York, sans aucune perte, plus de 2 500 migrants irlandais fuyant les ravages de la Grande Famine. La visite guidée est passionnante et permet, à travers la reconstitution des cales et de la vie à bord, de comprendre cet exploit et de suivre les fortunes et les infortunes de ces migrants vers le Nouveau Monde.

Custom House Quay • En face de la banque Citi • ☎473 0111 • www.jeaniejohnston.ie • Visites (guidées slt, 50 min) : lun.-ven. 10h-16h30 (ttes les 30 min), sam.-dim. 10h-16h (ttes les heures) • Entrée : 13 €.

5 Grand Canal Dock✦✦

Autour de ce bassin en « L », jadis domaine des meuniers et des fonderies, les autorités ont piloté la création d'un pôle urbain. La vie de ce quartier à l'architecture audacieuse s'organise autour d'un large choix de bars et de restaurants. Il est aussi un centre d'affaires et un centre culturel important. **Grand Canal Square,** plantée de mâts rouges, œuvre de Martha Schwartz, et dominée par le théâtre de Daniel Libeskind et le Grand Canal Square Hotel de Manuel Aires Mateus, est l'une des plus belles places de Dublin.

6 The Design Tower✦

À l'intérieur de cette tour de granit aux airs de caserne, 36 studios et autant de sculpteurs, peintres, bijoutiers, céramistes, orfèvres, restaurateurs de tableaux, qui tous excellent dans leur domaine grâce au soutien des laboratoires de recherche scientifique du Trinity College. Vous les verrez donc sertir, polir, graver ou tailler et pourrez repartir avec votre coup de cœur. Les nôtres ? Les bronzes (à partir de 500 €), les céramiques de la sculptrice Ayelet Lalor (studio 87) et les bijoux contemporains mâtinés d'influences celtiques de Breda Haugh (65-250 €).

Trinity Centre, Grand Canal Quay • www.thedesigntower.com • Lun.-ven. 10h-17h ou sur r.-v.

7 Shelbourne Park Stadium✦✦

La piste de sable du Shelbourne réunit les amateurs de courses de lévriers. En famille ou entre amis, on vient ici passer la soirée et parier sur des courses de vitesse ou de poursuite à vue sur leurre (le fameux lièvre). Lorsque les six lévriers s'élancent pour atteindre plus de 60 km/h, les tribunes grondent de joie.

Shelbourne Park, South Lotts Road • ☏ 668 3502 • www.grireland.ie • Courses tous les jeu., ven. et sam ; à partir de 18h30 les jeu. et ven., 18h le sam. • Entrée : 10 €.

8 Aviva Stadium✦

Robbie Williams, Madonna et Rihanna s'y produisent, mais, officiellement, le grand stade de Dublin (2010) appartient aux équipes nationales de rugby et de football (le football gaélique, lui, se joue dans l'atmosphère survoltée de Croke Park). L'ouvrage impressionne moins par sa capacité (51 000 à 65 000 spectateurs) que par la beauté de sa carapace ondulante de verre et d'acier.

Lansdowne Road • ☏ 238 2300 ou 232 0878 (résa) • www.avivastadium.ie • Billet à retirer sur place, à réserver par tél. ou sur Internet.

Grand Canal Dock

Restos | Bars | Hôtels | Shopping | Activités

Restos Bistrots

Herbstreet

Brunch 78 Plan E3

C'est le rendez-vous branché des Docks. Locavore, décoré avec goût, star du brunch et pourvu d'une agréable terasse au bord de l'eau, il est possible d'y déguster pâtes, falafels, burgers, agrémentés d'herbes aromatiques toujours prêtes à booster une de leurs excellentes recettes.

9 Hanover Quay • 675 3875 • www.herbstreet.ie • Mer.-ven. 12h-15h, sam.-dim. 10h-15h, dîners les soirs de théâtre au Bord Gáis Energy Theatre 17h-19h.

Fresh – The Good Food Market

Sandwichs 79 Plan E3

Ce petit supermarché est une excellente option pour le déjeuner ! Son rayon traiteur très bien approvisionné déborde de plats du jour, de sandwichs à composer soi-même (ciabatta, bagel, baguette) et de salades vendues au poids. Les agréables berges du Grand Canal Dock n'attendent plus que vous.

Grand Canal Square • 671 8004 • www.freshthegoodfoodmarket.ie • Lun.-ven. 8h-22h, sam. 9h-22h, dim. 9h-21h.

Urban Brewing

Bières artisanales 80 Plan D3

À la fois une brasserie et un restaurant au sein du CHQ Building. Non seulement on peut y goûter les bières brassées sur place, mais il y a aussi un choix d'environ 200 bières à la carte, de quoi ravir les connaisseurs ! Installez-vous pour grignoter des tapas dans la salle du rez-de-chaussée ou en terrasse ; ou encore, pour un cadre plus atmosphérique, attablez-vous au restaurant dans les galeries souterraines, qui sert des plats plus élaborés. Visite de la brasserie possible sur réservation.

CHQ Building, Custom House Quay • 568 5989 • www.urbanbrewing.ie • Mar.-jeu. et dim. 12h-21h, ven.-sam. 12h-21h30 • Tapas : 8-16 € ; plats (restaurant) : 45-55 €.

Herbstreet

Charlotte Quay

Méditerranéen 81 Plan E3

Au Charlotte Quay, on peut déjeuner avec une vue imprenable sur le quartier des Docklands dans un cadre aux allures de brasserie chic, avec des plats à tendance méditerranéenne, mais pas que. Le week-end, on y brunche bien : œufs brouillés épicés et feta, sandwich au poisson pané et frites. À l'heure du déjeuner ou du dîner, steak-frites et *fish and chips* sont tout aussi délicieux.

Charlotte Quay Dock, Millenium Tower, Ground Floor • ☎908 9490 • www.charlottequay.ie • Mar.-mer. 17h-23h30, jeu. 12h-22h30, ven.-dim. 12h-23h30 • Plats brunch : 14-18 €; plats : env. 22-36 €.

Osteria Lucio

Italien 82 Plan E4

Le chef irlandais renommé Ross Lewis a quitté son restaurant étoilé Chapter One pour se consacrer à la cuisine italienne. Une salle tout en longueur au plafond voûté et aux murs de briques apparentes décline un menu digne d'une vraie trattoria : *antipasti*, *pasta*, plats de viande ou poisson et pizzas au levain.

The Malting Tower, Grand Canal Quay, Clanwilliam Terrace • ☎662 4198 • www.osterialucio.com • Mer.-dim. 17h-21h15 • Antipasti : 6-22 €; pâtes : 22-30 €; plats de viande ou poisson : 26-60 €; pizzas : 18-22 €.

Bars, clubs Sorties

The 3Arena

Concert 58 Plan E3

The 3Arena est la plus grande salle de concerts du pays. Son nom était à l'origine The Point, puis elle est devenue l'O2 après une rénovation à 80 millions d'euros, avant de changer une nouvelle fois d'enseigne et de devenir The 3Arena. La salle accueille de grands concerts, des comédies musicales et des événements sportifs (catch).

North Wall Quay • ☎819 8888 • www.3arena.ie • Place : à partir de 35 €.

The Ferryman

Pub traditionnel 59 Plan E3

Le vendredi soir, il y a toujours du monde à l'extérieur du Ferryman pour fêter le début du week-end. Derrière sa jolie façade rouge, vous trouverez un pub traditionnel chaleureux avec vue sur le Convention Centre et le pont Samuel-Beckett. On se croirait presque à la campagne alors qu'on est en plein dans un des quartiers les plus modernes de la ville.

35 Sir John Rogerson's Quay • ☎671 7053 • www.theferrymantownhouse.ie • Lun.-jeu. 12h-23h30, ven.-sam. 12h-0h30, dim. 12h30-23h.

12

IRISHTOWN ET POOLBEG, L'APPEL DU LARGE

À proximité des docks et du centre-ville s'étend un quartier hautement dépaysant. Au pied du résidentiel Irishtown s'ouvrent la baie de Dublin et une étonnante réserve naturelle. Une balade insolite et vivifiante qui demande d'avoir un peu de temps devant soi. Attention, environ 4 km séparent le début du parcours de l'entrée de la jetée et vous ne trouverez pas de transports publics pour vous ramener au point de départ.

Poolbeg Lighthouse

1 Sean Moore Park✦

Démarrage en douceur avec cette vaste étendue verte, en « L », qui permet de découvrir cette zone résidentielle avant de déboucher sur la mer. Le parc, dédié à un politicien irlandais né à Irishtown, assure un lien « vert » entre la plage et la ville, et permet notamment aux bernaches, sorte d'oies sauvages grises, de trouver de la nourriture (et aux promeneurs de les admirer).

2 Sandymount Strand✦

Il est facile d'oublier que la ville est au bord de la mer. Tournez le dos aux emblématiques cheminées de la centrale thermique de Poolbeg : la voilà, la baie de Dublin, avec son sable fin, sa faune aquatique et ses étendues nues, quand l'eau se retire. La

marée a tendance à emporter la mer au loin ; si vous vous aventurez sur le sable humide, soyez vigilant : l'eau peut remonter bien plus vite qu'il n'y paraît.

Vous pouvez prolonger la déambulation le long de cette plage durant plusieurs kilomètres, en direction de la ville portuaire de Dún Laoghaire, ou continuer notre itinéraire en bifurquant directement à gauche.

3 Irishtown Nature Park⁺⁺

Il n'y a pas bien longtemps, cette zone de la péninsule de Poolbeg servait de décharge. Dans les années 1980, des

Pause du bout du monde : Mr Hobbs Coffee

Une pause à considérer comme une cerise sur le gâteau plutôt que comme un acquis, car la camionnette rouge de Mr Hobbs pourrait rouler vers d'autres aventures lors de votre passage. Si la silhouette de ce joli moyen de transport, hail-lons arrière ouverts, vous apparaît, arrêtez-vous pour la spécialité de la maison : le café que l'on consomme noir *(americano)*, au lait (cappuccino, *latte*...) ou en version boostée avec le whiskey *(Irish coffee)*.

83 ***Départ du Great South Wall***
• http://mrhobbscoffee.com • Americano : 2 €; cappuccino et latte : 3,50 €; Irish coffee : 6,50 €.

associations d'habitants dévoués, aidés des pouvoirs publics, s'évertuèrent à la transformer en réserve naturelle en plantant des végétaux. Aujourd'hui, de nombreux oiseaux tels les hérons et linottes se plaisent dans ces 9 ha hauts en couleur.

4 Shellybanks✦

D'un côté, les tours rayées de la centrale thermique de Poolbeg ; de l'autre, des palmiers et une plage accueillante et très peu fréquentée qui donne envie de sortir les parasols et les glacières. La configuration de Shellybanks est propice à la formation de dunes, et l'on retrouve une végétation propre à ce type d'écosystème.

5 Great South Wall et Poolbeg Lighthouse✦✦

Affichant pas moins de 4 km de long, la digue est la plus grande d'Europe. À son extrémité, vous trouverez le phare Poolbeg. Lors de son inauguration en 1768, il possédait la particularité de fonctionner à la bougie, alors qu'il était plus courant d'utiliser la tourbe ou le charbon. Au pied de ce cône rouge, relié à la terre par une interminable bande de béton, la vue est saisissante.

Restos | Bars | Hôtels | Shopping | Activités

Restos Bistrots

The Merry Cobbler

Pub 84

Sa pétillante façade bleue se dresse dans un quartier résidentiel peu fréquenté par les touristes. Rien d'étonnant donc à ce que l'ambiance transpire l'authenticité, une fois la porte franchie. Autrefois, la zone était connue pour ses cordonniers. Au-delà de son nom, le Merry Cobbler a choisi de mettre en avant ce passé grâce à une décoration qui rappelle le travail du cuir à l'ancienne. Dans l'assiette, des classiques de pubs parfaitement exécutés.

78-82 Irishtown Road • ☎ 231 3786 • www.themerrycobbler.ie • Dim.-jeu. 11h-23h30, ven.-sam. 11h-0h30 • Tourte du jour : 14,50 €.

LE MEILLEUR DE LA PUB GRUB

L'exact dosage de farine et de bière, le morceau de poisson parfait, la bonne température de friture... n'allez pas confondre *fish and chips* et poisson pané de supermarché. C'est un plat traditionnel qui se prépare avec attention, et chacun a sa recette. Laissez-vous surprendre par la saveur de ce classique, ainsi que par les *pies* (tourtes) et autres *stews* (ragoûts) qui composent la carte des pubs et peuvent s'avérer délicieux quand ils sont cuisinés avec talent, comme dans les adresses qui suivent.

Ryan's

Repris par le roi de la viande irlandaise, ce pub victorien mythique continue de servir les plats rustiques indémodables.

Voir p. 145, quartier 10.

Leo Burdock

L'institution *fish and chips* de la ville. Un incontournable qui ravit également les fêtards, car Leo Burdock's est ouvert jusqu'à minuit.

Voir p. 52, quartier 3.

The Brazen Head

Connu comme étant le plus vieux pub d'Irlande, cet établissement datant de 1198 est parfait pour déguster un *beef and Guinness stew.*

Voir p. 52, quartier 3.

The Bank on College Green

Les *pies* et *fish and chips* typiques des pubs, dans un décor qui préfère les verrières et dorures aux traditionnels bois sombre et banquettes.

Voir p. 80, quartier 5.

The Merry Cobbler

Une adresse familiale et chaleureuse où déguster des aliments ultra-frais pour des plats traditionnels.

Voir p. 158, quartier 12.

The Brazen Head

PRENDRE L'AIR : BULL ISLAND

Située dans la baie de Dublin au nord-est de la ville, cette petite île de 5 km sur 1 est une escapade parfaite pour prendre une bouffée d'air frais à l'extérieur de la capitale; c'est l'une des balades du dimanche préférées des Dublinois. Merveilleuse réserve naturelle, Bull Island permet aussi d'observer la faune locale et notamment les oiseaux.

Plage sur Bull Island

INFORMATIONS PRATIQUES

- Bull Island se trouve à environ 10 km du centre-ville du Dublin, à proximité des banlieues de Clontarf et Raheny.
- **En bus**
  Prendre la ligne de bus 6 depuis le centre-ville de Dublin (arrêt Abbey Street) en direction de Howth Station jusqu'à l'arrêt Causeway Road. Vous pouvez ensuite accéder à l'île à pied en traversant le pont en bois.
- **En train**
  Prendre le DART depuis l'une des gares du centre-ville de Dublin en direction du nord jusqu'à l'arrêt Raheny. Marcher ensuite environ 1 km pour accéder à l'île par Causeway Road.
- **En voiture**
  On peut accéder en voiture via le Bull Bridge ou Causeway Road. Il est possible de se garer sur Causeway Road ou le long du Bull Wall (nombre de places très limité).

Une réserve naturelle classée par l'Unesco

Dans les années 1930, Bull Island fut le premier sanctuaire officiel pour les oiseaux en Irlande. Son paysage est composé de dunes, de marais salants et de prairies. En 1981, l'île a reçu son statut de réserve de biosphère inscrite au Patrimoine de l'Unesco.

Bull Bridge et Bull Wall

Les amateurs d'ornithologie peuvent y observer différentes espèces, telles que le faucon pèlerin ou le hibou des marais.

Bull Bridge

Un pont en bois, le Bull Bridge – aussi appelé Wooden Bridge –, qui date de 1819, relie Clontarf à Bull Island. La statue *Our Lady, Star of the Sea* se trouve à l'extrémité du Bull Wall (qui longe Bull Island) et est l'œuvre de l'artiste irlandaise Cecil King. Elle date de 1972 et est couronnée de 12 étoiles en verre de Waterford.

Activités sur Bull Island

Bull Island est un lieu très fréquenté par les marcheurs et les cyclistes. Les plus courageux peuvent aussi s'y baigner, plusieurs abris de baignade se trouvent près de la statue *Our Lady, Star of the Sea*. C'est également un lieu prisé des adeptes du cerf-volant. ■

Pour une pause-café : Happy Out

Karl McCullagh et son neveu Brian Hanratty ravissent les promeneurs dans leur café-conteneur depuis 2017. Seul endroit pour faire une pause-café sur l'île, il attire les foules, surtout le week-end. On peut y profiter de la vue imprenable sur la baie de Dublin tout en mangeant un sandwich ou une viennoiserie.

85 *Bull Island • ☎ 086 130 3925 • www.happyout.ie • T.l.j. 9h-16h.*

HOWTH, L'ÉCHAPPÉE SAUVAGE

13

C'est l'une des mini-évasions préférées des Dublinois. À seulement 30 min du centre historique, ce petit port de pêche paisible invite à la déconnexion, le temps d'une randonnée dans les falaises sauvages. Une mise au vert qui prend rapidement la forme d'une palette complète, avec la mer qui passe du vert au gris bleuté et les tapis végétaux qui se parent à l'envi de jaune, de fuchsia et de blanc.

Port de Howth

1 Le port✦

Dans l'air iodé, les bateaux sont alignés, les pêcheurs vendent le résultat de leur labeur à la criée, tandis que poissonniers et restaurants veillent à ce que ces ingrédients de première fraîcheur finissent sous des fourchettes enthousiastes. Cœur de l'activité de la ville, c'est aussi là (sur le terre-plein le long d'Harbour Road) que vous trouverez la cabane de l'office de tourisme et toutes les informations sur les randonnées.

En face du port se distingue une petite île inhabitée.

2 Ireland's Eye✦✦

À quelques centaines de mètres au large s'étend une petite île sur laquelle la nature n'est troublée que par la présence de ruines d'une chapelle et d'une tour de garde du début du XIXe s. Entre plage de sable (orientée à l'ouest, une rareté dans le coin) et falaise, elle séduit les aventuriers en herbe… et les phoques. Vous aurez la possibilité de faire le tour de l'île en ferry (20 €).

Infos : www.irelandseyeferries.com

3 Randonnée sur les falaises✦✦✦

Quatre sentiers de randonnée sillonnent la commune. Leur longueur oscille entre 6 et 10 km (pour emprunter notre itinéraire, suivez le Old Tramline Loop bleu – 2h de marche environ). Ne vous fiez pas au début du parcours, bétonné et résidentiel. Très vite, les chemins mènent aux impressionnantes falaises. S'il n'est pas nécessaire d'arborer une condition physique extraordinaire, notez, si vous avez des difficultés de mobilité ou si vous voyagez en famille, que les sentiers présentent des passages au bord du vide ainsi que des portions escarpées.

Se rendre à Howth

Howth est à 30 min de Dublin via le DART. Vous pouvez également emprunter les bus 31 ou 31B au départ de Talbot Street (plan D3 ; le trajet sera un peu plus long, mais longera la côte). Si vous souhaitez écourter la randonnée sur les falaises (ci-contre), profitez de l'arrêt de bus The Summit, situé au point culminant.

4 Baily Lighthouse✦

Il faut sortir des sentiers tracés de randonnée quelques dizaines de minutes pour se rendre au pied

Falaises et Baily Lighthouse

2
Ireland's Eye
Mer d'Irlande
West Pier
Howth Road
Howth
(DART)
86
Port
1
3
Harbour Road
5
St Mary's Abbey
Offington Park
Church Street
60
87
Nose of Howt
6
Howth Castle,
Rhododendron Gardens
Main Street
Thormanby Road
Carrickbrack Road
HOWTH
St Fintan's Road
Balkill Road
Thormanby Road
Carrickbrack Road
Baily
Lighthouse
4
Drumleck Point
500 m

de ce phare, star de nombreuses photos prises depuis les falaises. Le bâtiment actuel, bordé de maisons de gardien, date du début du XIXe s. et vient remplacer une structure du XVIIe s. Cette dernière était jugée trop élevée et peu efficace lors des grands brouillards qui tombent souvent sur la région. Depuis 1996, le phare est entièrement automatisé, mais un employé veille toujours au grain en permanence, installé sur cette presqu'île isolée.

5 St Mary's Abbey✦✦

C'est le roi viking Sitric qui fit construire une première église, en 1042, sur ce merveilleux emplacement dominant la baie. L'édifice fut modifié au XIIIe s. pour servir d'abbaye (notamment pour les moines de l'île d'Ireland's Eye, p. 162) et fut reconstruit en sa totalité au XIVe s. Seuls des ruines et un petit cimetière sont parvenus jusqu'à nous.

30 Abbey Street • Ne se visite pas.

6 Howth Castle et Rhododendron Gardens✦✦

Ce château médiéval (du XIVe s.) fut conçu par l'architecte anglais sir Edwin Lutyens pour la famille St Laurent, lignée incontournable du village depuis 1180. Il reprend une structure de tours carrées entourant une cour, dans un style anglo-normand. Longtemps réservées aux groupes, sur rendez-vous, les visites commencent à s'élargir aux individuels, notamment grâce à des accès durant les week-ends d'été. Surveillez le site Internet avant votre venue, vous pourrez y trouver également le programme des cours de cuisine qui sont organisés dans la demeure historique.

Les jardins

Ne manquez pas la visite des jardins. Depuis le château, dirigez-vous vers le parcours de golf. Le parc se trouve derrière le

Pour une pause de la mer : Crabby Jo's

Quand les propriétaires de l'une des poissonneries de référence de la ville ouvrent un restaurant sur le port, ce sont bien entendu les produits de la mer qui sont les stars du menu : tourte du pêcheur (17 €), saumon fumé maison (11 €), burger de crabe (20 €) ou plateau de fruits de mer chauds (29 €/pers.), chacun puisera dans la dernière marée en fonction de ses affinités.

86 ***14 West Pier • ☎832 3999 • www.crabbyjos.com • Lun.-jeu. 12h-21h30 (dern. commande 19h30), ven.-sam. 10h-23h (dern. commande 21h), dim. 10h-20h (dern. commande 18h).***

Deer Park Hotel. Les jardins sont particulièrement beaux en mai et juin, quand les innombrables rhododendrons sont en fleur, mais vibrent toute l'année grâce à 2 000 variétés de végétaux qui donnent un ensemble dense.

832 1027 • www.howthcastle.ie

Jardin : ***t.l.j. de l'aube au crépuscule • Entrée libre.***

Château : ***visites occasionnelles • F. pour travaux.***

Restos | Bars | Hôtels | Shopping | Activités

Restos Bistrots

The House

Produits du terroir 87

La plupart des restaurants de la ville sont concentrés sur le port, mais les rues du centre historique offrent également de belles surprises. Ne vous fiez pas à l'aspect traditionnel et sage du lieu : quand il s'agit de composer des menus, l'équipe sait s'aventurer en terres inconnues. À la carte : croquette de haddock fumé, œuf mariné à la betterave, sauce betterave et pomme, mayonnaise au curry ; coquilles Saint-Jacques, *black pudding*, rhubarbe, raifort et betterave. The House célèbre son terroir et le revisite avec bonne humeur et inventivité.

4 Main Street • 839 6388 • www.thehouse-howth.ie • Lun.-mar. 8h45-15h30, mer.-ven. 8h45-21h30, sam.-dim. 10h-21h30 (21h dim.) • Plats : env. 12,50-13 €.

Bars, clubs Sorties

The Harbour Bar

Microbrasserie 60

Après le centre de Dublin, voici que la portuaire Howth se prend au jeu des microbrasseries. Dans un bâtiment qui n'a cessé d'être un bar depuis 1750, les nouveaux propriétaires ont créé une atmosphère douillette qui donne envie de se poser, en écoutant des vinyles de musique apaisante et en profitant de la cheminée allumée. Idéal pour déguster les breuvages de la maison.

18 Church Street • 564 5891 • Facebook : HarbourBarHowth • Lun.-jeu. 15h-minuit, ven.-sam. 12h-1h, dim. 12h-minuit.

Baie de Dublin

ORGANISER SON WEEK-END

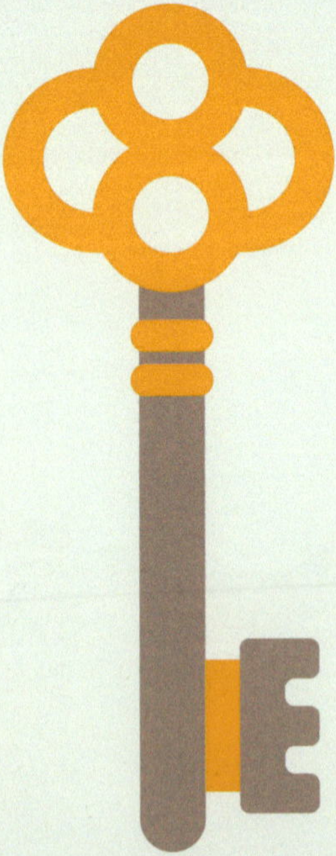

Grafton Street

L'ESSENTIEL

Quand partir ?

S'il pleut souvent en Irlande, il faut cependant nuancer : il pleut moins à Dublin qu'à Brest ! L'hiver, les températures oscillent en moyenne entre 2 et 11 °C ; l'été, entre 11 et 21 °C, mais le temps peut changer rapidement… et le vent étant souvent violent, les parapluies sont mis à rude épreuve !

- Le printemps est la période la plus sèche, les mois de juillet et août sont les plus chauds, mais les plus pluvieux aussi.
- En hiver, même lorsqu'il ne pleut pas, l'humidité de l'air accentue l'impression de froid. Lainage chaud et imperméable sont indispensables à cette période de l'année.
- Les mois d'avril, de mai et de juin sont les plus calmes et les plus agréables. Lors des célébrations de la Saint-Patrick, la fête nationale (17 mars), Dublin est très animé et les prix des hôtels flambent.

Pour y aller

En avion

Pour un court séjour, l'avion est la solution idéale. Dublin est desservi par les compagnies aériennes à partir de Paris en 2h environ. Compagnies régulières et low cost se partagent les lignes depuis Paris, d'autres villes françaises et Bruxelles.

Dormir à Dublin

Quel quartier ?

Si vous privilégiez les établissements bon marché, les hôtels de **Gardiner Street** et au nord d'**O'Connell Street** sont les plus accessibles. Au contraire, si vous voulez avant tout être très central et au calme, préférez les hôtels plus chers autour de **St Stephen's Green** et de **Grafton Street.** En revanche, mieux vaut **éviter le quartier très festif de Temple Bar** (à moins de choisir un hôtel 4 étoiles), ainsi que les axes de **Westmoreland Street, Dame Street, Nassau Street** et les **quais de la Liffey**, où la circulation ne tarit jamais.

Se renseigner avant de partir

- **Office du tourisme de l'île d'Irlande**

Les bureaux n'accueillent pas le public. Il faut téléphoner, ou envoyer un e-mail depuis le site Internet.

01 70 20 00 20 • www.ireland.com/fr-fr

- **Centre culturel irlandais**

5, rue des Irlandais, 75005 Paris • 01 58 52 10 30 • www.centreculturelirlandais.com • Expositions et médiathèque.

Numéros d'urgence

Vous devez préciser le service désiré : *Garda* pour la police, *Ambulance* pour les urgences médicales ou *Fire service* pour les pompiers.

☎999 ou 112.

Quel hébergement ?

À côté de **l'hôtel classique**, vous trouverez à Dublin des ***guesthouses***, en général des habitations privées reconverties pour accueillir des hôtes, qui se situent entre l'hôtel et la pension de famille. Le ***bed and breakfast*** constitue la meilleure façon de voir le mode de vie des Dublinois. La plupart des B&B de charme sont un peu excentrés – beaucoup se situent **autour du quartier aisé de Ballsbridge.** Les **pubs traditionnels** sont aussi souvent de petits hôtels ***(pub accommodation)***, mais, à moins de ne pas avoir le sommeil léger (fermeture des pubs à 2h le week-end), mieux vaut les éviter.

Tarifs et réservation

Les prix varient évidemment en fonction de votre localisation (voir plus haut) et de la saison, même si les variations entre l'hiver et l'été sont faibles. Comptez entre 130 et 180 € pour une chambre dans un hôtel de bon standing, et de 80 à 130 € pour une chambre en *guesthouse* au nord de la Liffey. Les **grands événements** comme la célébration de la Saint-Patrick, Pâques et les week-ends de finale de rugby, de *hurling* ou de football gaélique font flamber les prix. Si vous partez lors de ces événements, il vous faudra **réserver longtemps à l'avance.** Sachez que, pour les fêtes de fin d'année – un événement très familial et religieux en Irlande –, beaucoup de centres d'intérêt, de *guesthouses* et de B&B sont **fermés.** Lors de votre réservation, précisez si vous souhaitez une *double* (grand lit) ou une *twin* (lits jumeaux simples). Enfin, le petit déjeuner, souvent inclus dans le prix, est un vrai repas : céréales, jus de fruits, œufs avec bacon et saucisses.

Offices de tourisme

Dublin Tourism Information Centre : *3 Palace Street, Dublin 2 • Plan H7 • ☎1850 230 330 (depuis l'Irlande) et ☎+353 1 605 7700 (depuis la France) • www.visitdublin.com*

Seconde adresse : *Discover Ireland Centre • 14 Upper O'Connell Street, Dublin 1 • Plan D2-3.*

Conditions de visite

Depuis l'épidémie de Covid, des jauges de visiteurs avec créneau horaire de visite *(time slot)* à réserver obligatoirement ont souvent été mises en place dans les musées, monuments... Pensez à vérifier leurs horaires et conditions de visite.

Se déplacer

Le plan des transports est au verso du plan détachable.

De l'aéroport au centre-ville

En bus

De l'aéroport (Terminal 1 pour les court-courriers), les **bus 16** (O'Connell Street, College Greene, South Great George's Street) et **41** (Abbey Street, Gardiner Street) rejoignent le centre-ville en 45 min environ. Départ toutes les 15 à 20 min, de 6h à 23h30 environ. Procurez-vous la ***Leap Visitor Card***, et vous pourrez circuler dans la ville de façon illimitée pendant 1, 3 ou 7 jours.

En navette

La **navette Dublin Express** dessert plusieurs arrêts dans le centre de Dublin avec une fréquence moyenne de 15 min, à partir de 4h du matin (7 € l'aller, 9 € l'A/R).

www.dublinexpress.ie

La **navette Aircoach** dessert les principaux hôtels du centre-ville (7 € l'aller, 12 € l'A/R).

www.aircoach.ie

En taxi

Vous gagnerez le centre-ville en 20 à 30 min selon la circulation, mais il vous faudra compter au moins 20 € pour la course.

Sur place

À moins de vouloir visiter les environs, **inutile de louer une voiture : la circulation est très dense** et les possibilités de parking réduites. Dublin est une petite ville, préférez la parcourir à pied, c'est la meilleure façon de la découvrir. Les quartiers commerçants (Henry Street et Mary Street au nord, Temple Bar et Grafton Street au sud de la Liffey) sont **réservés aux piétons.**

Titres de transport

Si vous prenez le bus, achetez les tickets à l'avance, car il vous faudra le compte exact. Les chauffeurs ne sont pas autorisés à rendre la monnaie. Le prix d'un ticket dépend de la distance parcourue et du support (ticket/*Leap Card* rechargeable) : 1,70/1,30 € *(short zone)*, 2,60/2 € *(long zone)*, 3/2,40 € (*Xpresso* – trajets directs aux heures de pointe).

Toutefois, notez que la ***Leap Visitor Card*** permet de voyager en illimité sur toutes les lignes de bus, les navettes Airlink (transfert aéroport/centre-ville) et Nitelink, le réseau des trams (LUAS) ainsi que les trains de banlieue (DART et Commuter). Elle est valable 24 h (8 €), 72 h (16 €) ou 168 h (32 €).

www.dublinbus.ie • http://about.leapcard.ie/leap-visitir-card

En bus

Les **bus à impériale** permettent de découvrir la capitale depuis un point de vue élevé, mais sachez que, si la ville est bien desservie, **le réseau est très complexe.** Il vous faudra de la patience et de la documentation pour vous rendre d'un point à l'autre de la ville. Les **principaux arrêts,** matérialisés par un petit panneau « Dublin Bus » avec le numéro de la ligne, se trouvent sur O'Connell Street (en direction du nord), Abbey Street (nord et ouest), Eden Quay (sud) et près de Trinity College et St Stephen's Green. La mention ***An Lár*** à l'avant des bus signifie « centre-ville ».

Les noctambules profiteront des **Nitelink**, les bus de nuit circulant uniquement les nuits du vendredi et du samedi, au départ d'Olier Street et de Westmoreland Street. Le ticket vaut 6,60 €.

Dublin Bus

59 Upper O'Connell Street • Plan D3 • www.dublinbus.ie • Lun. 8h30-17h30, mar.-ven. 9h-17h30, sam. 9h-14h, dim. et j. fériés 9h30-14h.

En tramway (LUAS)

Le centre de Dublin est doté de **deux lignes de tramway** qui permettent de traverser rapidement la ville. La **ligne rouge**

Pensez-y

Formalités

Si vous êtes ressortissant d'un pays membre de l'Union européenne, seuls la carte nationale d'identité ou un passeport en cours de validité sont nécessaires. Dans les autres cas, il vous faudra obtenir un visa de tourisme. Les enfants mineurs non accompagnés de l'un de leurs parents doivent, en outre, être en possession d'une autorisation de sortie du territoire (formulaire à télécharger sur : www.service-public.fr/particulier/vosdroits/F1359).

En cas de perte ou de vol de vos papiers, vous pouvez contacter l'ambassade et le consulat de France à Dublin :

66 Fitzwilliam Lane • Plan D4 • ☎ 699 0984 et ☎ 086 603 13 80 (numéro d'urgence) • https://ie.ambafrance.org • Lun.-ven. 9h30-12h.

Santé

Pensez à vous procurer, auprès de votre centre de Sécurité sociale ou sur www.ameli.fr, la carte européenne d'assurance maladie. À votre retour, vous aurez droit au remboursement des frais médicaux que vous pourriez engager sur place. La CEAM ne couvre pas les soins en secteur privé.

Pour les urgences : ☎ 999 ou 112.
Hickey's Pharmacy : 55 O'Connell Street Lower • Plan I6 • ☎ 873 0427 • Lun.-sam. 8h30-20h30, dim. 10h-20h.

Douane

Les quantités de tabac et d'alcool que vous pouvez introduire en Irlande ou en rapporter varient.

Centre de renseignements des douanes : www.douane.gouv.fr

(Red Line), très pratique pour rejoindre des musées excentrés (Museum of Decorative Arts and History, Irish Museum of Modern Art), traverse Dublin d'est en ouest en longeant la Liffey (depuis la salle de spectacle 3Arena, North Wall Quay), puis descend jusqu'à Tallaght ou Saggart. La **ligne verte** (Green Line) relie St Stephen's Green à Brides Glen (Red Line et Green Line : lun.-ven. 5h30-0h30, sam. 6h30-0h30, dim. 7h-23h30, tramway toutes les 4 à 15 min). Des distributeurs automatiques (1,70 € l'aller simple entre Abbey Street et le Museum of Decorative Arts and History) sont installés à chaque arrêt.

www.luas.ie

En train de banlieue (DART)

Le DART (Dublin Area Rapid Transit) relie le centre-ville aux quartiers du littoral, entre Howth et Malahide au nord et Greystones au sud. Il circule de 6h30 à 23h30, toutes les 5 min aux heures de pointe, toutes les 15 min le reste du temps. La ***Leap Visitor Card*** est valable dans le DART et dans la ***Short Hop Zone***, c'est-à-dire depuis n'importe quelle station de Dublin jusqu'à Kilcock, de Kilcoole à Balbriggan et de Dublin Heuston jusqu'à Sallins et Naas.

Informations et vente de tickets
Irish Rail (Iarnród Éireann) Lower Abbey Street • Plan D3 • ☎ 836 6222 • www.irishrail.ie

En taxi

Pour trouver un taxi (signalé par un panneau sur le toit du véhicule), il vous faudra aller à l'une des stations, en général à proximité des arrêts de bus et près des grands hôtels. O'Connell Street, St Stephen's Green et College Green sont les artères les plus fréquentées. Comptez un forfait de base de 4,50 € pour un passager, majoré de 1 € par passager supplémentaire ou par bagage. Le prix est ensuite affiché au compteur, à raison de 1,03 €/km ou 0,38 €/min.

À vélo

Si vous ne craignez ni la circulation ni les nids-de-poule de l'asphalte dublinois, alors les **DublinBikes,** service de vélos en libre-service, vous seront très utiles pour rejoindre rapidement – Dublin est peu étendu – les principaux musées et monuments de la ville.

Le fonctionnement est simple : procurez-vous une carte d'accès de 3 jours (5 €) au distributeur d'une station (caution de 150 € bloquée le temps de la location) ; elle vous permet ensuite de louer un vélo dans la station de votre choix. La première demi-heure est gratuite, la seconde coûte 0,50 € ; les deux premières heures, 1,50 € (6,50 € pour 4h). La ville compte **une centaine de stations.** Les **pistes cyclables**, matérialisées par une ligne rouge-brun, sont assez développées et plutôt bien respectées. Petit

Dublin Pass

Valable pour 1 jour : 69 € ; 2 jours : 89 € ; 3 jours : 99 € ; 4 jours : 109 € ; 5 jours : 115 € (enfant : 69 €). Le pass donne librement accès à plus de 25 attractions touristiques, à des offres spéciales sur 20 autres, ainsi qu'à un circuit d'une journée en bus à impériale (Hop on Hop off) autour des célèbres sites de la ville.

www.dublinpass.com • Tarif réduit pour les enfants.

inconvénient : dans le centre-ville, toutes les rues ont un sens unique de circulation, ce qui oblige à quelques détours. Un conseil : portez un casque.

Informations : *www.dublinbikes.ie*

À voir, à faire

Visites guidées

À pied

Dublin offre un grand nombre de **visites guidées** à thème.

L'**Architecture Tours Ireland** propose en anglais des visites guidées par des architectes du Royal Institute of the Architects. Au programme : Dublin Docklands, Temple Bar, Dublin georgien, architecture contemporaine.

Rens. et résa : ***676 1703 • www.architecturetours.ie • Sam.-dim.; durée 1h30 • Le prix varie selon le nombre de pers.***

Si le tour des pubs musicaux les plus célèbres vous tente, le **Musical Pub Crawl** débute tous les soirs au Ha'Penny Bridge Inn et vous entraîne de pub en pub avec des musiciens traditionnels pendant 2h30.

Rens. et résa : ***475 8345 • www.musicalpubcrawl.com • 19 €/pers. • Voir le site Internet pour tout rens. sur les dates et la résa préalable.***

Pour les anglophones, le **Literary Pub Crawl** sur les grands écrivains dublinois part de The Duke (p. 101) et est animé par des acteurs.

Rens. et résa : ***670 5602 • www.dublinpubcrawl.com • Avr.-oct. : t.l.j. à 19h15; nov.-mars : jeu.-dim. à 19h15 • 15 €/pers.***

Dans le même esprit, **l'Historical Walking Tour** suit les événements qui ont marqué l'histoire de Dublin : la Grande Famine, la Grande Guerre, l'insurrection de 1916, etc.

Rens. et résa : ***087 688 9412 • http://historicaltours.ie • Mai-sept. : t.l.j. à 11h et 15h; avr. et oct. : t.l.j. à 11h; nov.-mars : ven.-dim. à 11h • 14 €/pers.***

En bus

La formule ***Hop on – Hop off*** (« monter et descendre ») est très pratique pour rejoindre les quelques musées excentrés (Kilmainham Gaol, Guinness Storehouse, Irish Museum of Modern Art, Museum of Decorative Arts and History, etc.) tout en profitant des commentaires en anglais du chauffeur-guide ou du commentaire audio en français.

Le billet est valable 24 h ou 48 h et permet de descendre à plus d'une trentaine d'arrêts pour visiter un musée ou chiner dans les environs avant de prendre le bus suivant.

Deux concurrents proposent à peu de chose près les mêmes services.

City Sightseeing Dublin Tour (bus rouges) : *billets et départ au niveau de College Green • Plan D3 • https://citytours.ie • T.l.j. 9h-19h (9h30-17h en hiver) • Billet 24h : 28 €; 48h : 35 €.*

DoDublin : *billets et départ au niveau du 59 O'Connell Street • www.dodublin.ie • Lun.-ven. ttes les 30 min à partir de 9h, sam.-dim. ttes les 30 min de 9h à 10h et de 16h à 17h, ttes les 20 min de 10h à 16h (dernier départ à 17h, durée : 1h45 env.) • Ticket 24h : 27 €; 48h : 32 €; gratuit pour chaque enfant de moins de 15 ans accompagné d'un adulte muni d'un ticket.*

Au crépuscule, offrez-vous une bonne frayeur dans le Dublin de Bram Stoker – le célèbre auteur de *Dracula* – et dans les maisons hantées de Dublin avec le **Dublin Ghostbus Tour** (déconseillé aux enfants de moins de 14 ans) pour 35 € (certains mar. et ven.-sam. à 19h et 21h30, en anglais seulement).

Rens. et résa : *https://ghostbus.ie*

En calèche

Les romantiques préféreront un circuit en calèche dans les quartiers georgiens autour de Merrion Square, vers Grand Canal et Phoenix Park. Les calèches stationnent à l'angle de Grafton Street et de St Stephen's Green (50 € pour 30 min).

En bateau

Des croisières sont proposées sur la Liffey au départ de Bachelors Walk.

Dublin Discovered Boat Tours : *℡473 0000 • www.dublindiscovered.ie • Mai-oct. : t.l.j. à 10h30 (slt mai-sept.), 11h30, 12h30, 14h15, 15h15 et 16h15; nov. : ven.-dim. à 11h30, 12h30, 14h15 et 15h15; durée : 45 min • Tarif : 18 € (réduction enfants et seniors).*

Musées et attractions

Les musées nationaux ou municipaux sont généralement ouverts du mardi au samedi toute la journée et le dimanche après-midi. Et **l'accès aux collections permanentes est gratuit** (les expositions sont payantes). En revanche, les attractions comme la Guinness Storehouse, la Jameson Distillery et le Dublin Zoo sont payantes et chères.

Budget

Dublin est une **ville assez chère**, mais ses prix sont inférieurs à ceux des capitales européennes comme Paris ou Londres (voir également p. 171). Comptez entre 350 et 550 € pour un séjour de 2 jours et 2 nuits (vol non compris).

Comment payer ?

L'Irlande faisant partie de la zone euro, vous pouvez y effectuer vos retraits et paiements par carte bancaire comme vous le feriez en France. Tous vos paiements par carte sont gratuits et vos retraits sont soumis aux mêmes conditions tarifaires qu'en France

Combien ça coûte ?

Une chambre d'hôtel : 120-200 €.
Un ticket de bus : 1,30-3 €.
Une pinte de bière : 5-6 €.
Un déjeuner au pub : 15-20 €.
Un menu Early Bird : 25-30 €.
Un dîner au restaurant : 28-34 €.

(gratuits pour la plupart des cartes bancaires). Avant votre voyage, assurez-vous de la hauteur de vos plafonds de retrait et de paiement à l'étranger, et demandez les montants hebdomadaires autorisés.

Perte ou vol de votre carte de crédit : avant de partir, notez les 16 chiffres de votre carte bancaire, qui vous seront demandés en cas d'opposition.

American Express : *01 47 77 72 00.*

MasterCard : *1 800 55 7378 (gratuit depuis un fixe).*

Visa : *1 800 55 8002 (gratuit depuis un fixe).*

Toutes cartes : *892 705 705 (0,34 €/min).*

Où manger ?

Au menu

La tendance du « manger local » (locavore), l'accent mis sur la traçabilité, la qualité des produits et le dynamisme des petits producteurs irlandais annoncent un **renouveau de la cuisine irlandaise** ! On pourra également goûter, selon l'humeur, au zen japonais, à la convivialité mongole, à la street

Dublin gratuit

Musées gratuits : National Museum of Archeology, National Museum of Decorative Arts and History, Natural History Museum, Irish Museum of Modern Art, National Gallery, National Photographic Archive, Hugh Lane City Gallery et Chester Beatty Library.

Monuments : City Hall, The Grand Post Office, Leinster House, St Audoen's Church, Saint Mary's Pro Cathedral, Carmelite Church of Whitefriar Street, Newman University Church. Mais aussi les **expos d'art** du Temple Bar Gallery and Studios.

Beaucoup de festivals et d'événements culturels sont gratuits : Dublin : One City, One Book, Saint Patrick's Festival, certains spectacles du Dublin Dance Festival, l'International Literature Festival Dublin, certains événements du Fringe Festival, Culture Night, certaines animations du Bram Stoker Festival (voir p. 181-183).

Ne manquez pas les **concerts gratuits** de la Hugh Lane Gallery (dim. à 12h), les Sunday Jazz Brunch du Café en Seine et les nombreux concerts gratuits l'été dans les parcs de la ville.

Pour dénicher astuces et événements gratuits, rendez-vous sur : www.dublineventguide.com • www.visitdublin.com

food thaïe, et manger facilement bio ou végétarien. Le petit déjeuner irlandais – ***Irish breakfast*** – est un repas à part entière et permet ensuite de **déjeuner léger** dans un pub. C'est d'ailleurs le moyen le plus sympathique de rencontrer du monde. Vous pouvez aussi **opter pour les *delis*, épiceries fines et rayons traiteur des petits supermarchés** qui proposent de plus en plus souvent des sandwichs à composer soi-même et des *salad bars*.

Les incontournables

Expérience irlandaise par excellence, le pub sert la ***pub grub*** ou ***carvery lunch***, des plats traditionnels (12-18 €) de porc au chou, de ragoût de bœuf, d'agneau ou de viandes rôties. Autre institution, les restaurants de ***fish and chips*** : ils offrent des repas copieux, rapides et bon marché.

Les tarifs

Dès 18h le week-end, les restaurants proposent un premier service *(Early Bird Menu)* avant le service principal de 20h. C'est idéal si vous allez au théâtre, c'est copieux et bon marché (env. 25-30 € les 3 plats). À partir de 20h, vous commanderez surtout à la carte (comptez 8-12 € pour une entrée, plus de 18 € pour le plat principal et 6-8 € pour un dessert)… si vous avez pris le soin de réserver votre table ! Car les Dublinois dînent tôt et sortent beaucoup, pensez-y ! Sachez que les vins y sont chers et que vous ne pourrez pas y boire de bière pression, car leur licence ne l'autorise pas. L'addition précise si le service est compris *(« service charge xx % »)*. S'il ne l'est pas, ajoutez 10 à 15 % de la note.

Où sortir ?

En soirée, **Temple Bar** est le quartier le plus animé de la ville – trop, disent les « vrais » Dublinois – avec sa myriade de restaurants, de pubs et de night-clubs, atmosphère festive garantie ! Le **SoDa** – South of Dame Street Area –, entre **South Great George's Street** et **St Stephen's Green**, regorge de pubs et surtout de *late bars* branchés courus par une clientèle jeune et aisée.

Soirée au pub

Si vous avez envie de **vivre à la dublinoise**, optez pour les soirées au pub. C'est une institution sociale, l'endroit où les amis se retrouvent et s'invitent les uns les autres. On y vient pour boire et discuter, mais aussi pour **écouter de la musique**. La plupart des programmes musicaux débutent vers 21h, mais vous devrez souvent patienter jusqu'à 22h env. En soirée, on fait parfois payer un droit d'entrée modeste. Le service s'arrête autour de 23h en semaine ;

Bon à savoir

Langue

Les deux langues officielles de la république d'Irlande sont le gaélique (irlandais) et l'anglais. L'anglais domine largement, très peu de Dublinois parlant le gaélique.

Décalage horaire

Dublin compte -1h de décalage avec Paris. L'Irlande pratique, comme la France, le changement d'heure d'été.

Voltage

Le courant est de 220 V, comme en France, mais les prises à trois broches rectangulaires sont de type britannique. Il vous faudra donc un **adaptateur** de type « European to UK ».

Téléphoner et Internet

Pour appeler la France depuis Dublin, composez le 00 33 + numéro de votre correspondant sans le 0 initial. Pour appeler Dublin depuis la France, composez le 00 suivi de l'indicatif 353 + 1 (indicatif de Dublin sans le 0) et du numéro à 7 chiffres de votre correspondant.

Renseignements nationaux : *☎ 11811 • www.goldenpages.ie*

Depuis 2017, les frais d'itinérance *(roaming)* ne sont plus facturés par votre opérateur lors de vos voyages au sein de l'UE. Attention, des surcoûts peuvent être appliqués. Ainsi, pour Internet, des plafonds de consommation ont été fixés. En outre, la nouvelle réglementation ne s'applique qu'en cas de déplacement. Renseignez-vous auprès de votre opérateur. Pour plus d'infos : http://europa.eu/youreurope/citizens/consumers/telecoms-internet/mobile-roaming-costs/index-fr.htm

Écrire

Les timbres ne sont vendus que dans les bureaux de poste.

General Post Office : *O'Connell Street • Plan D3 • Lun.-sam. 8h30-18h.*

Livre, pouce et pied

En Irlande, le passage du système impérial (système de mesures hérité de l'Empire britannique) au système métrique a été mis en place. Les panneaux indiquant les distances ou les limitations de vitesse le sont désormais en km ou km/h. Les produits alimentaires sont aussi vendus au kilo. Des **conversions** si besoin :

1 pouce (1 inch) = 2,54 cm; 1 pied (1 foot) = 30,5 cm; 1 pound = env. 450 g.

Jours fériés

- Nouvel An
- 1er lun. de février : St Brigid's Day
- 17 mars : Saint-Patrick
- Vendredi saint
- Lundi de Pâques
- 1er lundi de mai
- 1er lundi de juin : République irlandaise
- 1er lundi d'août : fête légale
- Dernier lundi d'oct. : fête légale
- Noël
- 26 décembre : St Stephen's Day

le week-end, de nombreux pubs sont ouverts jusqu'à 2h. Important : certains pubs n'autorisent pas les **moins de 21 ans.** En général, les enfants accompagnés d'un parent sont autorisés jusqu'à 21h.

Réserver un spectacle

Le **théâtre** à Dublin est toujours populaire et créatif, les Irlandais se targuant d'appartenir à une nation littéraire. Vous pouvez **réserver vos places** directement aux guichets des théâtres. Le ballet, l'opéra et la musique classique font rarement salle comble, vous trouverez des **billets à prix abordables** même à la dernière minute. Les **concerts** de rock et de pop sont en revanche complets longtemps à l'avance. Pour vos réservations, vous pouvez utiliser **Ticketmaster** (www.ticketmaster.ie) ou le site www.onlineticketsshop.com

Pour vous informer

Pour connaître le **programme** des concerts, des spectacles et des soirées : www.totallydublin.ie, www.hotpress.com, www.dublineventguide.com et www.visitdublin.com

Où faire du shopping ?

Les **grands magasins et autres enseignes bon marché** se trouvent, pour la plupart, au **nord de la Liffey**. Henry Street et Mary Street alignent aussi les **enseignes trendy anglaises**, coups de cœur des jeunes branchés. Earl North Street est la rue des ***bargain stores***, sorte de foires à 2 €. Les **boutiques de mode les plus chics** se trouvent sur Grafton Street et dans les rues alentour. Cependant, préférez les petites **boutiques indépendantes** et les **collectifs de designers** autour de Clarendon Street, Drury Street et William Street South.

Horaires d'ouverture

Les magasins ouvrent du lundi au samedi de 9h à 18h. Le **jeudi soir**, ils ferment entre 19h et 21h. Le **dimanche**, la plupart des boutiques sont ouvertes l'après-midi de 13h à 17h, mais, dans l'ensemble, elles **ferment le jour de Pâques, le 25 décembre et le jour de la Saint-Patrick (17 mars).**

Payer ses achats

Tous les magasins acceptent les **cartes bancaires** internationales. On vous fera signer le reçu, car les Dublinois utilisent peu les claviers à code confidentiel, cependant le paiement sans contact se développe. Les paiements par carte bancaire sont pour la plupart gratuits, rapprochez-vous de votre banque pour vous assurer qu'aucune commission n'est appliquée.

Fêtes & festivals

Janvier

Temple Bar TradFest

Fin janvier, musique et culture irlandaises sont à l'honneur pendant cinq jours dans le quartier de Temple Bar.

https://tradfesttemplebar.com

Février

Jameson Dublin International Film Festival

À partir de mi-février, plus de 100 premières de film.

www.diff.ie

Mars

Saint Patrick's Festival

Un million de personnes assistent chaque année au Saint Patrick's Festival avec son lot de spectacles et de concerts. Point d'orgue : la grande parade du 17 mars, défilé haut en couleur qui célèbre le saint patron de l'Irlande.

https://stpatricksfestival.ie

Mai

Dublin Dance Festival

Le Dublin Dance Festival fait le grand écart entre le ballet et le hip-hop, en proposant le meilleur de la danse contemporaine.

www.dublindancefestival.ie

International Literature Festival Dublin

Des lectures, des discussions et des performances réunissent des écrivains irlandais et internationaux.

www.ilfdublin.com

Juin

Forbidden Fruit Festival

Début juin, de la bonne musique, de nombreuses scènes dans les jardins de **l'Irish Museum of Modern Art** (voir p. 140), toutes les conditions sont réunies pour faire de ce festival un rendez-vous incontournable.

www.forbiddenfruit.ie

Taste of Dublin

La ville met la grande cuisine à la portée du plus grand nombre. Les chefs des 20 restaurants les plus prestigieux de Dublin proposent de goûter aux mets qui font leur réputation.

https://tasteofdublin.ie

Bloomsday Festival

Le 16 juin, les Dublinois célèbrent Leopold Bloom, le héros d'*Ulysse* de James Joyce, dans les rues et les pubs de la capitale.

www.bloomsdayfestival.ie

Gay Pride

Depuis plus de 30 ans, Dublin vibre, à la fin du mois de juin, aux couleurs et aux sons de la Gay Pride.

www.dublinpride.ie

Août

Dublin Horse Show

Le Dublin Horse Show vit au rythme des démonstrations et des compétitions équestres qui se déroulent à Ballsbridge.

www.dublinhorseshow.com

The Liffey Swim

Depuis 1920, les nageurs plongent dans la Liffey fin août ou début septembre pour cette célèbre course en eau libre.

www.facebook.com/leinsteropensea/

Septembre

Hurling et football gaélique

Finale nationale de *hurling* (1er w.-e. de sept.) et finale d'Irlande de football gaélique (3e sem. de sept.) au stade de Croke Park.

www.gaa.ie (vérifier les dates en ligne).

Culture Night

Les musées, les galeries, les maisons historiques et les monuments sont ouverts jusqu'à 23h.

www.culturenight.ie

Dublin Fringe Festival

Ce festival s'est imposé comme l'un des plus grands festivals indépendants d'Europe, avec deux semaines intenses de danse, de musique, de théâtre et d'arts vivants.

www.fringefest.com

Octobre

Dublin Theatre Festival

Créé en 1957, c'est le plus ancien festival de théâtre en langue anglaise.

www.dublintheatrefestival.com

Open House Dublin

Un festival d'architecture et de design gratuit, pendant trois jours : des animations et des visites guidées d'endroits d'habitude inaccessibles au public (voir le Museum Flat p. 130).

www.dublintheatrefestival.com

SSE Airtricity Dublin Marathon

La 3e semaine du mois, plus de 10 000 coureurs participent au marathon qui traverse la ville.

https://irishlifedublinmarathon.ie/sse-airtricity-dublin-half-marathon

Bram Stoker Festival

Pendant quatre jours et quatre nuits, concerts, spectacles de rue, projections de vieux films d'épouvante et nombreux ateliers vous feront frissonner de plaisir !

www.bramstokerfestival.com

Novembre

Art Source

Pendant trois jours, la plus grande exposition d'Irlande d'artistes irlandais et étrangers investit le hall de la Royal Dublin Society.

www.artsource.ie

Décembre

Advent period

Plusieurs événements : ouverture de la **patinoire à ciel ouvert de Smithfield,** messe irlandaise traditionnelle avec le Palestrina Choir à **St Mary's Pro Cathedral,** fête foraine de Funderland au Royal Dublin Society, etc.

New Year's Eve Gala

Le 31 décembre, on se presse aux abords de **Christ Church** pour écouter les 19 cloches sonner les 12 coups de minuit. Puis on se rend au **National Concert Hall** pour assister au concert de fin d'année.

LEXIQUE

Expressions usuelles

Matin : *morning*
Après-midi : *afternoon*
Soir : *evening*
Bonjour (le matin) : *good morning*
Bonjour (l'après-midi) : *good afternoon*
Au revoir : *goodbye*
Bonsoir : *good evening*
S'il vous plaît : *please*
Merci : *thank you*
Il n'y a pas de quoi : *you're welcome*
Excusez-moi : *excuse me*
Manger : *to eat*
Boire : *to drink*
Je veux : *I want*
Je voudrais : *I would like*
Combien cela vaut-il? : *how much is it?*

En arrivant

Aéroport : *airport*
Arrêt de bus : *bus stop*
Arrivée : *arrival*
Bagages : *luggage*
Billet : *ticket*
Comment se rend-on à...? : *How do you get to...?*
Consigne : *left-luggage*
Départ : *departure*
Navette : *shuttle*
Vol : *flight*

À la douane

Carte d'identité : *identity card*
Douanier : *customs agent*
Passeport : *passport*
Rien à déclarer? : *nothing to declare?*

À l'hôtel

Réservation : *booking*
Une chambre simple : *single-bedded room*
Une chambre double : *double-bedded room*
Salle de bains particulière : *private bathroom*
Quel est le prix? : *what is the price?*
À quelle heure doit-on libérer la chambre? : *what is check out time?*

Au restaurant

Addition : *bill*
Agneau : *lamb*
Bar (poisson) : *bass*
Bien cuit : *well done*
Bœuf : *beef*
Canard : *duck*
Champignon : *mushroom*
Coquille St-Jacques : *scallop*
Couteau : *knife*
Cuillère : *spoon*
Dessert : *sweet course*
Fourchette : *fork*
Frites : *chips*
Fromage : *cheese*
Hareng : *herring*
Homard : *lobster*
Hors-d'œuvre : *starter*
Jambon : *ham*
Langoustine : *Dublin Bay prawn*
Lieu (poisson) : *pollack*
Plat principal : *main dish*
Poisson : *fish*
Poulet : *chicken*
Saignant : *rare*
Saumon : *salmon*
Sole : *sole*
Truite : *trout*
Viande : *meat*

Au pub

Bière : *beer*
Bière pression : *draught beer*
Demi-pinte : *half a pint, a glass*
Grog au whiskey : *hot whiskey* ou *hot toddy*
Pinte : *pint*

En gaélique

Bienvenue : *fáilte (faultcha)*
Bureau de poste : *oifig an Phoist (oufig ane fouicht)*
Centre-ville : *an lár*
Femmes : *mna (minau)*
Hommes : *fir (fir)*
Office national de tourisme : *bord Failte (borde faultcha)*
Police : *garda*
Toilettes : *leithras (lairass)*

INDEX

Notes personnelles

Notes personnelles

Notes personnelles